새 이화 한국어

새 이화 한국어 Workbook 2-1

지은이 이화여자대학교 언어교육원(정누리 • 이정연 • 박옥경 • 송유경 • 기우종 • 최효원)
감수 김현진

펴낸날 1판 1쇄 2024년 9월 2일
2쇄 2025년 9월 30일

펴낸이 주소현 **펴낸곳** 이화여자대학교출판문화원
주소 서울특별시 서대문구 이화여대길 52 **등록** 1954년 7월 6일 제9-61호
전화 02-3277-2965(편집), 02-362-6076(마케팅) **팩스** 02-312-4312
전자우편 press@ewha.ac.kr **홈페이지** www.ewhapress.com
책임편집 이혜지 **디자인** 김리영 **일러스트** 정윤서
번역 박혜은 • 혼다 미호 • 진사영 **번역감수** 이미진 • 혼다 미호 • 호해영 • 진사영
녹음 오렌지 커뮤니케이션즈 **성우** 권도일, 이아름

ISBN 979-11-5890-524-8 14710
979-11-5890-490-6 (세트)

* 잘못된 책은 구입처에서 바꾸어 드립니다.

새 이화 한국어

Workbook 2-1

이화여자대학교 언어교육원 지음

정누리・이정연・박옥경
송유경・기우종・최효원

이화여자대학교출판문화원

머리말

이화여자대학교 언어교육원은 외국인 학습자들에게 한국어 학습의 길잡이가 된『이화 한국어』를 이을 새로운 의사소통 중심 교재인『새 이화 한국어』를 2023년에 발간하였습니다. 새로운 시대 흐름에 맞춘 교재인『새 이화 한국어』를 발간함과 동시에 교재에서 다룬 내용을 재확인하고 내재화시킬 수 있도록 연습서인『새 이화 한국어 워크북』도 발간하기에 이르렀습니다.

『새 이화 한국어 워크북 2』는 교재에서 다룬 어휘와 표현, 문법, 듣기, 말하기, 읽기, 쓰기의 내용을 바탕으로 다양한 활용 연습이 가능하도록 설계하였습니다. 또한 학습자들의 문법 사용 능력과 의사소통 능력 향상을 동시에 도모하고자 정확성과 유창성을 기를 수 있도록 다양한 연습 문제를 제공하였습니다.

특히 듣기는 듣고 이해하는 연습뿐만 아니라 쓰기와 연계하여 듣고 요약해 볼 수 있는 연습을 할 수 있도록 구성하였습니다. 무엇보다 본 워크북은 개인 학습용 연습서이므로 학습 시 발생할 수 있는 의문점들을 해소시키기 위해 부록에 각 단원의 문법 설명을 4개 국어로 실었으며 이를 통해 학습자들은 오류를 최소화시킬 수 있을 것이라 생각합니다.

이 책이 발간되기까지 많은 분들의 땀과 노고가 있었습니다. 이화여자대학교 언어교육원을 대표하여, 좋은 워크북을 개발하기 위해 밤낮으로 고민하고 집필에 매진하신 저자 분들께 깊은 감사를 드립니다. 또한 워크북이 발간되기까지 여러 가지 행정적 지원을 아끼지 않고 수고해 주신 언어교육원 행정실에도 진심으로 감사를 드립니다. 그리고 감수를 맡아 이 책의 구성과 내용에 많은 조언을 해 주신 김현진 교수님께도 감사의 말씀을 드립니다. 마지막으로 이렇게 멋진 모습으로 워크북이 발간될 수 있도록 편집과 출판을 맡아 주신 이화여자대학교출판문화원에도 깊은 감사의 마음을 전합니다.

아무쪼록 이 책이 국내외에서 널리 활용되어 한국어를 쉬우면서도 재미있고 효과적으로 교수·학습하는 데에 크게 기여하기를 바랍니다. 아울러 앞으로 나아가야 할 한국어 교육의 방향을 선도하는 역할도 하게 되기를 기대합니다.

2024년 9월
이화여자대학교 언어교육원
원장 박선희

차례

머리말 4

Workbook 구성표 6

Workbook 구성과 사용법 8

1단원 학교생활 School life 10

2단원 일상생활 Daily life 20

3단원 주거 환경 Living environment 30

4단원 외모와 성격 Appearance and personality 40

5단원 경험 Experiences 50

6단원 공공장소 Public places 60

부록

문법 설명 72

듣기 지문 및 정답 108

Workbook 구성표

단원	단원명	어휘와 표현	문법	듣기
1단원	**학교생활**	자기소개 동아리 가입, 동아리 활동	V-으려고/려고 V-을게요/ㄹ게요 V-는 것 더 V-아 보다/어 보다(시도) 더 V-겠-	발음(비음화 ①) 듣기 자기소개에 대해 듣기 한국어 공부 방법에 대해 듣고 요약하기
2단원	**일상생활**	가족, 높임말 빨래방, 미용실	A/V-으시/시- V-아 주다/어 주다 V-게 되다 더 N께서, N께서는, N께 더 르 불규칙	발음(겹받침의 발음) 듣기 가족에 대해 듣기 생활 습관에 대해 듣고 요약하기
3단원	**주거 환경**	집, 주거 환경 이사	A-은/ㄴ N보다 A/V-을 때/ㄹ 때 더 N마다	발음(유음화 ①) 듣기 살고 있는 집에 대해 듣기 룸메이트에 대해 듣고 요약하기
4단원	**외모와 성격**	옷차림 색깔	V-는 V-은/ㄴ N처럼 더 V-고 있다 더 A-게	발음('의' 발음) 듣기 옷차림에 대해 듣기 친구에 대해 듣고 요약하기
5단원	**경험**	여행 준비 직업	A/V-겠- V-은 적이 있다/ㄴ 적이 있다 V-는 동안(에) 더 V-아 보다/어 보다(경험)	발음(구개음화) 듣기 여행 경험에 대해 듣기 한국에서 하고 싶은 일에 대해 듣고 요약하기
6단원	**공공장소**	은행 업무 공공 예절	A-은데/ㄴ데, V-는데 V-아도 되다/어도 되다 V-으면 안 되다/면 안 되다 더 A/V-았을 때/었을 때 더 ㅎ 불규칙	발음(비음화 ②) 듣기 공공 서비스 이용에 대해 듣기 규칙에 대해 듣고 요약하기

말하기	읽기	쓰기
자기소개하기 동아리에 대해 말하기	동아리 회원 모집 안내문 읽기	언어 교환에 대한 글 쓰기
가족에 대해 말하기 헤어스타일에 대해 말하기	미용실, 빨래방 광고문 읽기	한국 생활 정보에 대한 글 쓰기
살고 있는 집에 대해 말하기 이사하고 싶은 집에 대해 말하기	부동산 광고문 읽기	동네에 대한 글 쓰기
옷차림 대해 말하기 잃어버린 물건에 대해 말하기	중고 거래 광고문 읽기	이상형에 대한 글 쓰기
여행 경험에 대해 말하기 아르바이트 경험에 대해 말하기	자기소개서 읽기	한국 생활 경험에 대한 글 쓰기
우편물 발송에 대해 말하기 도서관에서 있었던 일에 대해 말하기	공공 예절 안내문 읽기	규칙을 어긴 경험담에 대한 글 쓰기

더 더 알아보기

Workbook 구성과 사용법

- 『새 이화 한국어 Workbook 2-1』, 『새 이화 한국어 Workbook 2-2』는 『새 이화 한국어 2-1』, 『새 이화 한국어 2-2』에 맞춰 개발된 연습서이다.
- 교재 내용에 보충, 심화 학습이 가능한 내용으로 설계되었으며 교실 내 수업과 개인 학습에서 모두 사용할 수 있도록 개발되었다.
- 각 단원은 '어휘와 표현', '문법', '듣기', '말하기', '읽기', '쓰기' 총 6개 영역으로 구성되어 있다.
- 각 단원별 연습 문제 이외에 문법에 대한 주요 설명이 책 뒤쪽 부록에 제공되어 있다.

어휘와 표현

교재의 소단원 1, 2에서 다룬 '어휘와 표현'의 연습 부분이다. 다양한 연습 활동을 제공하여 학습자가 어휘와 표현의 의미를 확인, 점검하고 어휘 사용 능력을 향상시킬 수 있도록 설계하였다.

1 단원 학교생활 School life

어휘와 표현 ❶ 자기소개 p.22

1. 알맞은 것을 골라 써 보세요.

국적 / 성별 / 생년월일 / 여권 번호 / 영문 성명 / 핸드폰 번호

http://student.ewha.com/forms

기숙사 신청서

이름 (1) (영문 성명) — 사토 리카 (Sato, Rika)

(2) — □남 ☑여

문법

교재의 소단원 1, 2, 3에서 다룬 '문법'의 연습 부분이다. 각 목표 문법의 활용 형태 표를 제시하였고 문장 만들기, 대화 만들기 등의 연습도 추가하였다. 이를 통해 학습자가 문법 활용 형태를 익히고 정확한 문법 사용 능력을 기를 수 있도록 설계하였다. 각 단원의 목표 문법과 더불어 '더 알아보기'에서 제시된 문법의 연습 문제도 같이 제공하였다.

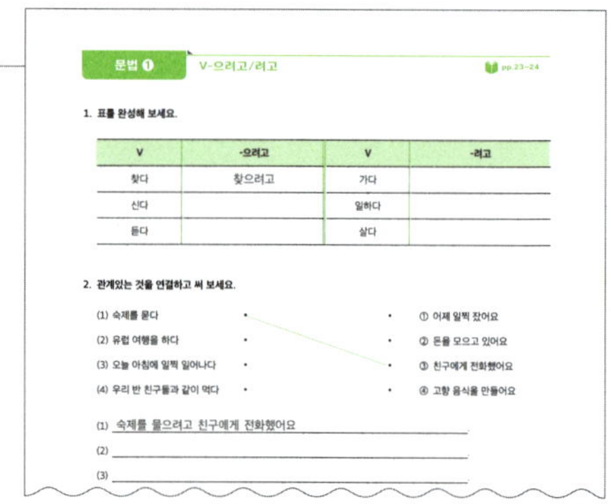
문법 ❶ V-으려고/려고 pp.23-24

1. 표를 완성해 보세요.

V	-으려고	V	-려고
찾다	찾으려고	가다	
신다		일하다	
듣다		살다	

2. 관계있는 것을 연결하고 써 보세요.

(1) 숙제를 묻다 — ① 어제 일찍 잤어요
(2) 유럽 여행을 하다 — ② 돈을 모으고 있어요
(3) 오늘 아침에 일찍 일어나다 — ③ 친구에게 전화했어요
(4) 우리 반 친구들과 같이 먹다 — ④ 고향 음식을 만들어요

(1) 숙제를 물으려고 친구에게 전화했어요
(2)
(3)

듣기

교재 소단원 1의 '발음'과 소단원 1, 3에서 다룬 '듣기' 연습 부분이다. 발음 연습에서는 교재에서 다룬 발음 규칙을 듣고 확인하는 연습을 제공하였다. 그리고 듣기 연습에서는 간단한 대화를 듣고 내용 이해를 점검할 수 있는 연습 문제와 소단원 3의 듣기를 다시 듣고 내용을 요약해 보는 연습 문제를 제공하였다.

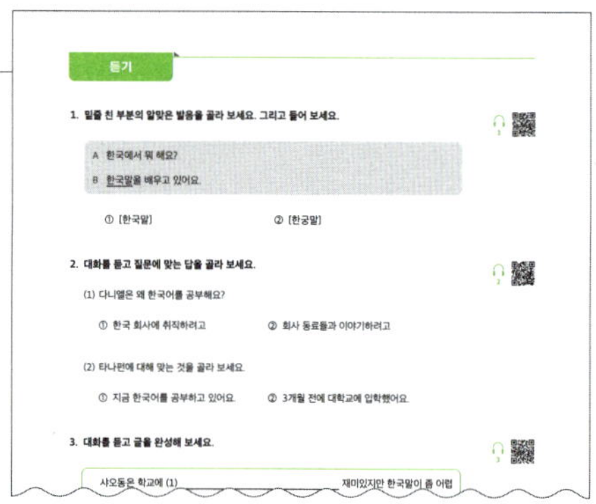
듣기

1. 밑줄 친 부분의 알맞은 발음을 골라 보세요. 그리고 들어 보세요.

A 한국에서 뭐 해요?
B 한국말을 배우고 있어요.

① [한국말] ② [한궁말]

2. 대화를 듣고 질문에 맞는 답을 골라 보세요.

(1) 다니엘은 왜 한국어를 공부해요?
① 한국 회사에 취직하려고 ② 회사 동료들과 이야기하려고

(2) 타나폰에 대해 맞는 것을 골라 보세요.
① 지금 한국어를 공부하고 있어요. ② 3개월 전에 대학교에 입학했어요.

3. 대화를 듣고 글을 완성해 보세요.

샤오둥은 학교에 (1) 재미있지만 한국말이 좀 어렵

말하기

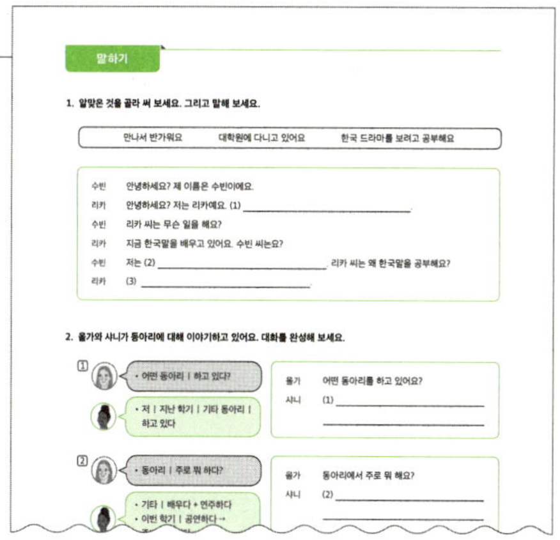

교재의 소단원 1, 2에서 다룬 '말하기' 연습 부분이다. 소단원 1 말하기 연습에서는 교재의 말하기 대화문에서 다룬 주요 기능 표현을 연습하게 구성하였다. 소단원 2 말하기 연습에서는 말풍선의 핵심어를 보면서 교재의 대화문을 확장해서 연습할 수 있게 설계하였다. 이 확장 대화문을 만드는 연습은 부록에 모범 대화문을 제시하여 스스로 학습을 할 수 있게 구성하였다.

읽기

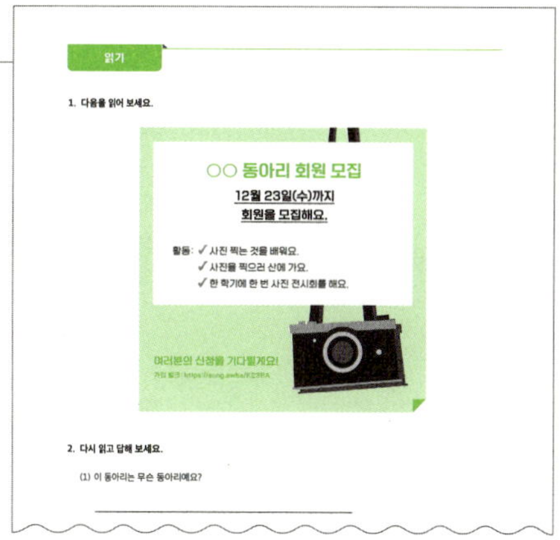

교재의 소단원 2에서 다룬 '읽기' 연습 부분이다. 교재 읽기에서 학습한 주제와 관련된 내용을 다양한 텍스트 유형으로 구현하여 제공하였다. 이 텍스트의 내용 이해 문제도 제공하여 이해 능력을 향상시킬 수 있도록 하였다.

쓰기

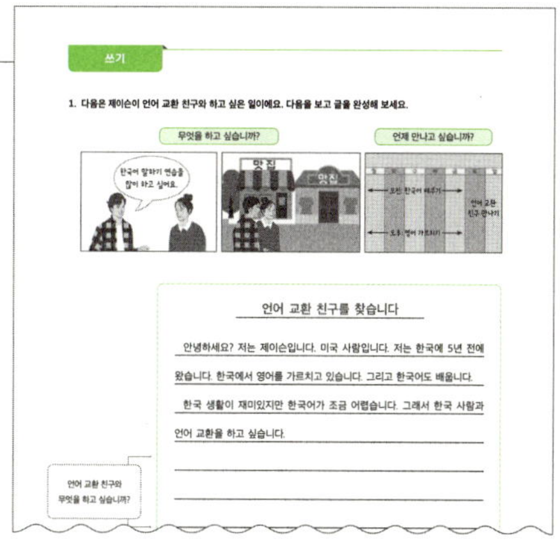

교재의 소단원 3에서 다룬 '쓰기' 연습 부분이다. 교재 쓰기 내용과 관련된 글을 쓰는 활동을 제시하였다. 교재에서 제시한 도움 질문을 활용하고 주어진 자료를 참고해서 단락의 글을 완성할 수 있도록 구성하였다. 부록에 모범 글을 제시하여 스스로 확인 학습이 가능하게 하였다.

문법 설명

교재 소단원 1, 2, 3 문법의 문법 설명 부분이다. 각 문법의 의미를 자세한 설명과 함께 제시하였다. 문법의 의미와 형태 정보를 도식화하여 간략하게 보여 줌으로써 학습자의 이해를 돕고자 하였다. 또한 문법 활용 시 유의할 점, 예문을 제공하여 학습자의 오류를 줄이고자 하였다. 문법 설명은 영어, 일본어, 중국어 간체, 중국어 번체로도 제공하여 학습자의 이해를 도모하고자 하였다.

1 단원 학교생활 School life

어휘와 표현 ❶ 자기소개

p.22

1. 알맞은 것을 골라 써 보세요.

국적	성별	생년월일
여권 번호	영문 성명	핸드폰 번호

http://student.ewha.com/forms

기숙사 신청서

이름 (1) (영문 성명)	사토 리카 (Sato, Rika)
(2) ______	☐ 남 ☑ 여
(3) ______	2005년 6월 27일
(4) ______	일본
(5) ______	JF54391038
(6) ______	010-1824-7695
반	201반
이메일 주소	rika03@ewha.edu

어휘와 표현 ❷ 동아리 가입, 동아리 활동

p.27

1. 그림을 보고 알맞은 것을 골라 써 보세요.

만화를 그리다	사진을 전시하다	악기를 연주하다	연극 공연을 하다

(1) 

만화를 그려요.

(2) 

________________.

(3) 

________________.

(4) 

________________.

2. 알맞은 것을 골라 대화를 완성해 보세요.

회비를 내다	회원을 모집하다	가입 신청서를 쓰다

리카 브루나 씨, 어떤 동아리를 하고 있어요?

브루나 저는 그림 동아리를 하고 있어요.

리카 정말요? 저도 그림 동아리에 가입하고 싶어요. 그림 동아리는 언제까지 (1) 회원을 모집해요?

브루나 다음 주까지 모집해요.

리카 동아리에 가입하고 싶으면 먼저 무엇을 해야 돼요?

브루나 인터넷에서 (2) ________________ 돼요. 거기에 이름과 핸드폰 번호를 쓰세요.

리카 (3) ________________ 돼요?

브루나 네. 회비는 2만 원이에요.

문법 ❶ V-으려고/려고

pp.23~24

1. 표를 완성해 보세요.

V	-으려고	V	-려고
찾다	찾으려고	가다	
신다		일하다	
듣다		살다	

2. 관계있는 것을 연결하고 써 보세요.

(1) 숙제를 묻다 •　　　　• ① 어제 일찍 잤어요
(2) 유럽 여행을 하다 •　　　　• ② 돈을 모으고 있어요
(3) 오늘 아침에 일찍 일어나다 •　　　　• ③ 친구에게 전화했어요
(4) 우리 반 친구들과 같이 먹다 •　　　　• ④ 고향 음식을 만들어요

(1) 숙제를 물으려고 친구에게 전화했어요.
(2) ______________________.
(3) ______________________.
(4) ______________________.

3. 알맞은 것을 골라 대화를 완성해 보세요.

입다	사귀다	이사하다	늦지 않다

(1) A 오늘은 왜 택시를 타고 학교에 왔어요?
B 늦지 않으려고 택시를 탔어요.

(2) A 옷을 왜 이렇게 많이 샀어요? 선물할 거예요?
B 아니요. 제가 __________ 샀어요.

(3) A 브루나 씨는 왜 등산 동아리에 가입했어요?
B 등산도 하고 친구도 __________ 가입했어요.

(4) A 샤니 씨, 지금 뭐 해요?
B 다음 학기에 기숙사로 __________ 기숙사 신청서를 쓰고 있어요.

문법 ② V-을게요/ㄹ게요

pp.28~29

1. 표를 완성해 보세요.

V	-을게요	V	-ㄹ게요
읽다	읽을게요	고치다	
받다		운동하다	
묻다		놀다	

2. 대화를 완성해 보세요.

(1) A 오늘 숙제가 너무 어려워요.

B 그래요? 그럼 제가 도와줄게요. (도와주다)

(2) A 리카 씨, 우리 여행 계획을 세울까요?

B 좋아요. 계획을 세우고 숙소는 제가 ______________. (찾다)

(3) A 올가 씨, 샤오동도 동아리 모임 장소를 알아요?

B 아니요. 몰라요. 제가 지금 샤오동한테 ______________. (전화하다)

(4) A 여보세요. 타나펀 씨, 여기 길이 너무 막혀요. 10분쯤 늦을 거예요. 미안해요.

B 괜찮아요. 그럼 저는 이 근처 카페에서 ______________. (기다리다)

3. 대화를 완성해 보세요.

(1) A 방이 너무 더워요. 창문을 좀 열까요?

B 네. 제가 열게요.

(2) A 제가 빵을 좀 만들었어요. 같이 먹어요.

B 고마워요. 잘 ______________.

(3) A 동아리 공연 사진은 누가 찍을 거예요?

B 제가 ______________.

(4) A 다니엘 씨, 또 수업에 늦었어요? 내일은 일찍 오세요.

B 네. 선생님. 내일은 일찍 ______________.

문법 ③ V-는 것

pp.32~33

1. 표를 완성해 보세요.

V	-는 것	V	-는 것
찍다	찍는 것	자다	
입다		공부하다	
걷다		살다	

2. 그림을 보고 대화를 완성해 보세요.

(1) 

A 취미가 뭐예요?

B 저는 책 읽는 것을 / 읽는 걸 좋아해요.

(2) 

A 그림 동아리에 왜 가입했어요?

B 그림 ________ 재미있어서요.

(3) 

A 올가 씨는 왜 구두를 안 신어요?

B 불편해서 구두 ________ 안 좋아해요.

(4) 

A 무슨 영상을 보고 있어요?

B 케이 팝 가수가 노래 ________ 보고 있어요.

3. 알맞은 것을 골라 대화를 완성해 보세요.

닫다	보다	쉬다	복습하다

(1) A 교실이 너무 시끄러워요.

B 그럼 창문을 좀 닫는 것이 / 닫는 게 어때요?

(2) A 어떻게 하면 한국어를 잘할 수 있어요?

B 수업 후에 매일 ________ 중요해요.

(3) A 샤니 씨, 유학 생활은 어때요?

B 정말 좋아요. 하지만 가족을 못 ________ 힘들어요.

(4) A 다니엘 씨는 주말에 외출 안 해요?

B 네. 저는 평일에 퇴근이 늦어요. 그래서 주말에는 집에서 ________ 좋아요.

더 알아보기 ① V-아 보다/어 보다 (시도)

p.30

1. 표를 완성해 보세요.

V	-아 보다	V	-어 보다
받다	받아 봐요	쓰다	
오다		묻다	

2. 대화를 완성해 보세요.

(1) A 여기는 삼계탕이 맛있어요?
B 네. 먹어 보세요. (먹다)

(2) A 블루진스의 노래는 어때요?
B 좋아요. 한번 ________. (듣다)

(3) A 케이크 만드는 게 어려워요?
B 아니요. 한번 ________. (만들다)

(4) A 바다를 보고 싶어요. 어디가 좋아요?
B 부산에 ________. (가다)

더 알아보기 ② V-겠-

p.36

1. 표를 완성해 보세요.

V	-겠-	V	-겠-
입다	입겠어요	기다리다	
찾다		열다	

2. 다음을 보고 글을 완성해 보세요.

올해 계획
(1) 언어 교환을 하다
(2) 한국어능력시험 3급을 따다
(3) 운동도 열심히 하다
(4) 소설책을 많이 읽다

저는 올해 (1) ________. 그리고 꼭 (2) ________. (3) ________. 그래서 다음 달부터 요가를 배울 겁니다. 또 (4) ________.

듣기

1. 밑줄 친 부분의 알맞은 발음을 골라 보세요. 그리고 들어 보세요. 1

A 한국에서 뭐 해요?

B 한국말을 배우고 있어요.

① [한국말] ② [한궁말]

2. 대화를 듣고 질문에 맞는 답을 골라 보세요. 2

(1) 다니엘은 왜 한국어를 공부해요?

① 한국 회사에 취직하려고 ② 회사 동료들과 이야기하려고

(2) 타나펀에 대해 맞는 것을 골라 보세요.

① 지금 한국어를 공부하고 있어요. ② 3개월 전에 대학교에 입학했어요.

3. 대화를 듣고 글을 완성해 보세요. 3

샤오동은 학교에 (1) ______________________ 재미있지만 한국말이 좀 어렵습니다. 특히 쓰기가 너무 어렵습니다. 그래서 선생님과 이야기했습니다. 선생님이 단어와 문법을 복습하고 (2) ______________________ 추천했습니다. 그리고 한국말로 일기를 (3) ______________________ 추천했습니다.

memo

말하기

1. 알맞은 것을 골라 써 보세요. 그리고 말해 보세요.

만나서 반가워요	대학원에 다니고 있어요	한국 드라마를 보려고 공부해요

수빈 안녕하세요? 제 이름은 수빈이에요.

리카 안녕하세요? 저는 리카예요. (1) ______________________.

수빈 리카 씨는 무슨 일을 해요?

리카 지금 한국말을 배우고 있어요. 수빈 씨는요?

수빈 저는 (2) ______________________. 리카 씨는 왜 한국말을 공부해요?

리카 (3) ______________________.

2. 올가와 샤니가 동아리에 대해 이야기하고 있어요. 대화를 완성해 보세요.

1

- 어떤 동아리 | 하고 있다?

- 저 | 지난 학기 | 기타 동아리 | 하고 있다

올가 어떤 동아리를 하고 있어요?

샤니 (1) ______________________

____

2

- 동아리 | 주로 뭐 하다?

- 기타 | 배우다 + 연주하다
- 이번 학기 | 공연하다 → 준비하고 있다

올가 동아리에서 주로 뭐 해요?

샤니 (2) ______________________

____

____

3

- 동아리 | 언제 모이다?

- 매주 금요일 오후 2시 | 모이다
- 관심 | 있다 → 한번 와 보다

올가 동아리는 언제 모여요?

샤니 (3) ______________________

____

____

읽기

1. 다음을 읽어 보세요.

○○ 동아리 회원 모집

12월 23일(수)까지
회원을 모집해요.

활동: ✓ 사진 찍는 것을 배워요.
✓ 사진을 찍으러 산에 가요.
✓ 한 학기에 한 번 사진 전시회를 해요.

여러분의 신청을 기다릴게요!
가입 링크: https://song.ewha/K23RA

2. 다시 읽고 답해 보세요.

(1) 이 동아리는 무슨 동아리예요?

____

(2) 동아리 활동으로 맞지 않는 것을 골라 보세요.

① 

② 

③ 

쓰기

1. 다음은 제이슨이 언어 교환 친구와 하고 싶은 일이에요. 다음을 보고 글을 완성해 보세요.

무엇을 하고 싶습니까?

언제 만나고 싶습니까?

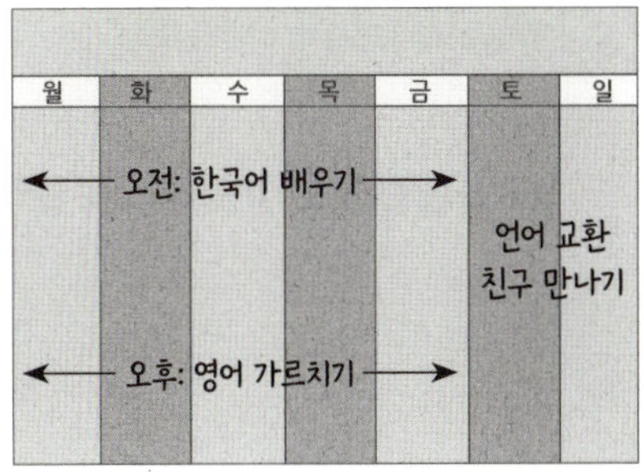

언어 교환 친구를 찾습니다

안녕하세요? 저는 제이슨입니다. 미국 사람입니다. 저는 한국에 5년 전에 왔습니다. 한국에서 영어를 가르치고 있습니다. 그리고 한국어도 배웁니다.

한국 생활이 재미있지만 한국어가 조금 어렵습니다. 그래서 한국 사람과 언어 교환을 하고 싶습니다.

언어 교환 친구와 무엇을 하고 싶습니까?

언어 교환 친구를 언제 만나고 싶습니까?

그래서 주말에 만나고 싶습니다. 주말에 한 번 만나는 것도 좋고 두 번 만나는 것도 좋습니다. 그럼 연락 기다리겠습니다.

제이슨 010-1513-0223

2 단원 일상생활 Daily life

어휘와 표현 ❶ 가족, 높임말

p.42

1. 그림을 보고 알맞은 것을 골라 써 보세요.

삼촌	이모	할머니	외할아버지

할아버지

(1) ____________

(2) ____________

외할머니

(3) ____________

아버지

나

어머니

(4) ____________

2. 그림을 보고 알맞은 것을 골라 대화를 완성해 보세요.

주무시다	방에 계시다	커피를 드시다	아침을 잡수시다

(1) 

A 아버지가 뭐 하세요?

B 방에 계세요.

(2) 

A 어머니가 뭐 하세요?

B ____________

____________.

(3) 

A 할아버지가 뭐 하세요?

B ____________

____________.

(4) 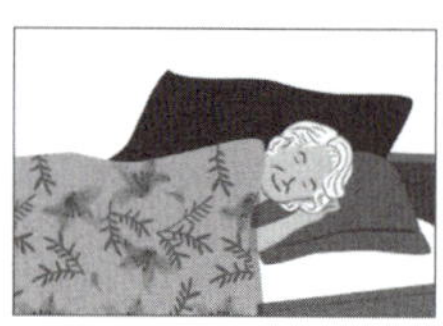

A 외할머니가 뭐 하세요?

B ____________

____________.

p.47

1. 그림을 보고 알맞은 것을 골라 써 보세요.

동전을 넣다	빨래를 꺼내다	세탁기를 돌리다	건조기에서 빨래를 말리다

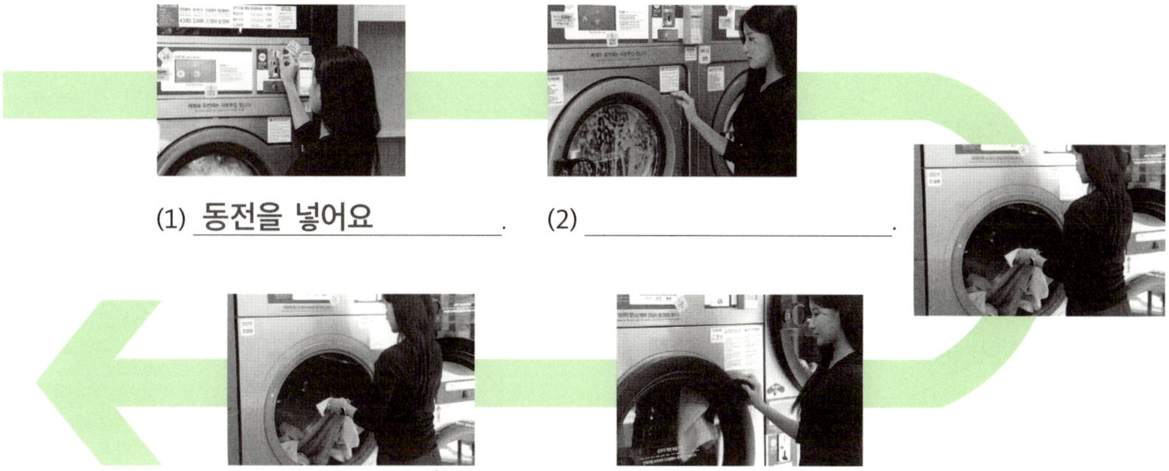

(1) 동전을 넣어요 .

(2) ____________ .

(3) ____________ .

(4) ____________ .

2. 그림을 보고 알맞은 것을 골라 대화를 완성해 보세요.

자르다	염색하다	파마하다	드라이하다

(1) 

A 머리를 어떻게 해 드릴까요?

B 드라이해 주세요.

(2) 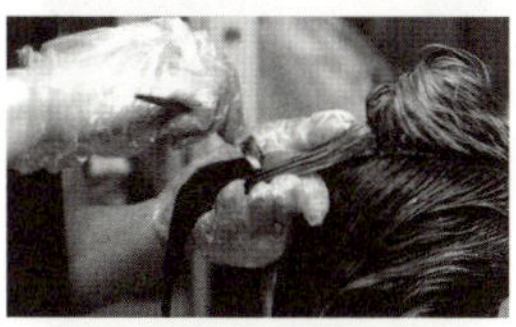

A 머리를 어떻게 하고 싶으세요?

B 까만색으로 ____________ 싶어요.

(3) 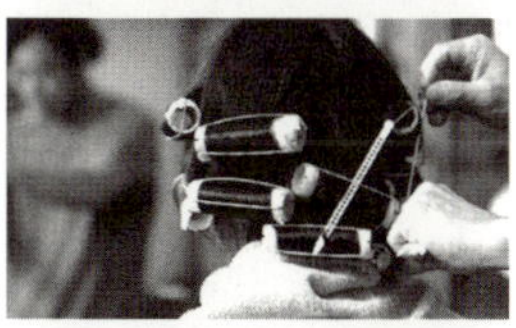

A 여보세요. 브루나 씨, 지금 어디예요?

B 미용실이에요. ____________ 있어요.

(4) 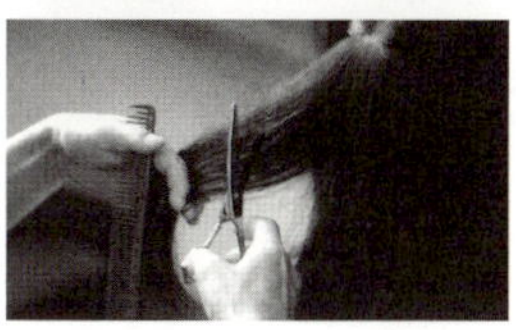

A 오늘 수업 후에 뭐 할 거예요?

B 머리를 ____________ 미용실에 갈 거예요.

문법 ❶ A/V-으시/시-

pp.43~44

1. 표를 완성해 보세요.

A/V	-으시-	A/V	-시-
작다	작으세요	쉬다	
춥다		살다	
걷다		선생님이다	

2. 문장을 완성해 보세요.

(1) 어머니는 어제 케이크를 만드셨어요. (만들다)

(2) 할머니는 다음 주에 한국에 ________. (오다)

(3) 할아버지는 요즘 일이 많아서 ________. (바쁘다)

(4) 외할아버지는 내일 여권 사진을 ________. (찍다)

(5) 외할머니는 매일 저녁에 드라마를 ________. (보다)

(6) 아버지는 요즘 한국 문화에 관심이 ________. (많다)

3. 그림을 보고 글을 완성해 보세요.

(1)

(2)

(3)

(4)

우리 가족은 모두 주말에 취미 생활을 해요. 우리 할아버지는 책을 좋아하세요. 그래서 주말에 책을 (1) 읽으세요. 우리 할머니는 요즘 그림을 배우세요. 주말에 항상 방에서 그림을 (2) ________. 우리 아버지의 취미는 골프예요. 주말에 골프를 (3) ________. 마지막으로 우리 어머니는 주말에 음악을 (4) ________. 그리고 저는 주말에 동아리 모임이 있어서 동아리 모임에 가요.

문법 ❷ V-아 주다/어 주다

pp.48~49

1. 표를 완성해 보세요.

V	-아 주다	V	-어 주다
찾다	찾아 줘요	읽다	
사다		듣다	
오다		확인하다	

2. 그림을 보고 알맞은 것을 골라 문장을 완성해 보세요.

쓰다	앉다	열다	찍다

(1) 

사진 좀 찍어 주세요.

(2) 

여기에 이름을 ____________.

(3) 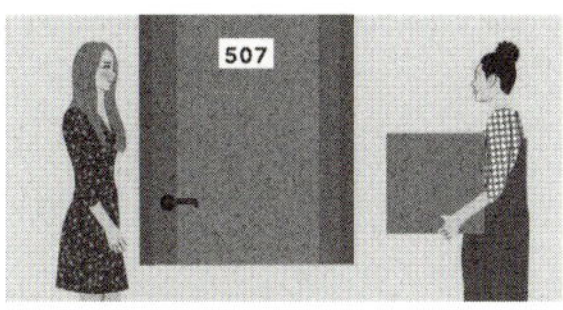

올가 씨, 문 좀 ____________.

(4) 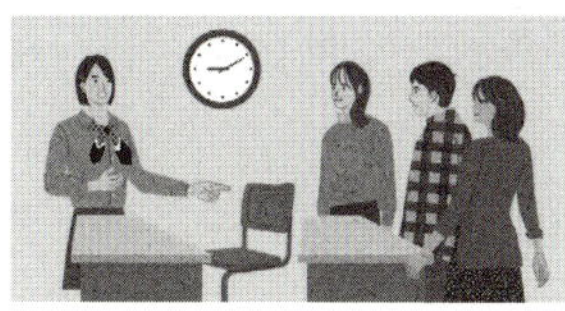

여러분, 자리에 ____________.

3. 대화를 완성해 보세요.

(1) A 손님, 몇 시로 예약해 드릴까요? (예약하다)

B 3시로 예약해 주세요.

(2) A 방학에 무슨 아르바이트를 했어요?

B 한국 사람에게 중국어를 ____________. (가르치다)

(3) A 친구 생일에 무슨 케이크를 살 거예요?

B 이번에는 안 사고 직접 ____________. (만들다)

(4) A 다음 주 제 졸업식에 ____________? (오다)

B 그럼요. 갈 수 있어요. 꼭 갈게요.

문법 ③ V-게 되다

pp.52~53

1. 표를 완성해 보세요.

V	-게 되다	V	-게 되다
찍다	찍게 돼요	가다	
찾다		마시다	
묻다		운동하다	

2. 문장을 완성해 보세요.

(1) 저는 1년 전에는 수영을 못했어요.

그런데 수영을 배워서 지금은 수영을 잘하게 됐어요.

(2) 저는 6개월 전에는 미국에서 살았어요.

그런데 한국 대학교에 입학해서 서울에서 ________________.

(3) 저는 작년에는 케이팝을 듣지 않았어요.

그런데 올해 케이팝을 듣고 노래가 좋아서 자주 ________________.

(4) 저는 3개월 전까지 한국 드라마에 관심을 가지지 않았어요.

그런데 친구가 추천해 줘서 지금은 한국 드라마에 관심을 ________________.

3. 대화를 완성해 보세요.

(1) A 타나펀 씨, 그 영화를 또 봐요?

B 네. 재미있어서 여러 번 보게 돼요.

(2) A 왜 아침을 안 먹어요?

B 요즘 입맛이 없어서 잘 안 ____________.

(3) A 어떻게 올가를 알아요?

B 기숙사 친구가 소개해 줘서 ____________.

(4) A 왜 한국에 왔어요?

B 한국 회사에 취직해서 한국에 ____________.

⊕ 더 알아보기 ❶ N께서, N께서는, N께

p.43

1. 표를 완성해 보세요.

N	께서	께서는	께
선생님	선생님께서		
아버지			

2. 알맞은 것을 골라 ○표 해 보세요.

(1) A 그 편지를 누구에게 줄 거예요?
B 선생님(께, 께서) 드릴 거예요.

(2) A 부모님(께, 께서는) 지금 어디에 사세요?
B 중국에 사세요.

(3) A 아버지(께, 께서) 무슨 운동을 좋아하세요?
B 축구를 좋아하세요.

(4) A 어머니 생신에 무슨 선물을 사 드렸어요?
B 어머니(께, 께서는) 목도리와 장갑을 사 드렸어요.

⊕ 더 알아보기 ❷ 르 불규칙

p.48

1. 표를 완성해 보세요.

A/V	-아요/어요	A/V	-아요/어요
고르다	골라요	모르다	
다르다		부르다	

2. 문장을 완성해 보세요.

(1) 저와 언니는 취미가 달라요. (다르다)

(2) 어제 노래방에서 노래를 많이 ______________. (부르다)

(3) 다음을 읽고 맞는 것을 ______________ 보세요. (고르다)

(4) 선생님 전화번호를 ______________ 전화를 못 했어요. (모르다)

듣기

1. 밑줄 친 부분의 알맞은 발음을 골라 보세요. 그리고 들어 보세요. 4

A 리카 씨도 요리를 잘해요?

B 네. 제가 아버지를 <u>닮아서</u> 요리를 잘해요.

① [달마서] ② [담아서]

2. 대화를 듣고 질문에 맞는 답을 골라 보세요. 5

(1) 지유는 오늘 무엇을 할 거예요?

① 할아버지를 만날 거예요. ② 타나펀과 저녁을 먹을 거예요.

(2) 브루나의 아버지는 주말에 뭐 하세요?

① 노래를 하세요. ② 축구를 하세요.

3. 대화를 듣고 글을 완성해 보세요. 6

샤오동은 요즘 잠이 안 와서 새벽 2시쯤 자고 아침에 늦게 일어나요. 그래서 자꾸 커피를 (1) ______________________. 아침에 늦게 일어나서 수업에도 자주 늦어요. 그리고 머리도 자주 아프고 (2) ______________________ 좀 힘들어요. 리카는 샤오동의 이야기를 듣고 샤오동에게 운동을 추천해 줬어요. 리카는 요가를 시작하고 일찍 자고 일찍 (3) ______________________. 그래서 샤오동도 운동을 시작해 볼 거예요.

memo

말하기

1. 알맞은 것을 골라 써 보세요. 그리고 말해 보세요.

인상이 좋으세요	그림을 잘 그려요	이분이 어머니세요

다니엘 (1) ______________________________?

리카 네. 우리 어머니세요.

다니엘 와, 어머니께서 (2) ______________________________.

리카 네. 어머니는 그림도 잘 그리시고 사진도 잘 찍으세요.

다니엘 리카 씨도 그림을 잘 그리지 않아요?

리카 네. 제가 어머니를 닮아서 (3) ______________________________.

2. 미용사와 브루나가 헤어스타일에 대해 이야기하고 있어요. 대화를 완성해 보세요.

1

• 예약하다 | 오다?

• 네. 오늘 5시 | 예약하다

미용사 예약하고 오셨어요?

브루나 (1) ______________________________

____

2

• 머리 | 어떻게 하다?

• 염색하다
• 그리고 머리 | 조금 자르다

미용사 머리는 어떻게 해 드릴까요?

브루나 (2) ______________________________

____

____

3

• 무슨 색 | 염색하다?

• 까만색 | 염색하다

미용사 무슨 색으로 염색해 드릴까요?

브루나 (3) ______________________________

____

읽기

1. 다음을 읽어 보세요.

이화미용실

이화미용실이 할인을 해 드립니다.

1. 회원 가입을 하시면 10% 할인을 해 드립니다.
2. 대학생은 학생증을 가져오시면 20% 할인을 해 드립니다.
3. 오전에 오시면 30% 할인을 해 드립니다.

이화 24시간 빨래방

이화 24시간 빨래방이 10월 1일(월)에 문을 엽니다.

✓ 365일 24시간 이용 가능
✓ 세탁에서 건조까지 1시간
✓ 빨래 후 배달 예약 가능
(인터넷 예약, 전화 예약 가능)

2. 다시 읽고 답해 보세요.

(1) 미용실에서 할인을 받을 수 <u>없는</u> 사람을 골라 보세요.

①

②

③

(2) 빨래방에 대한 내용으로 맞는 것을 골라 보세요.

① 주말에는 문을 안 엽니다.

② 빨래를 건조할 수 있습니다.

③ 배달 예약은 인터넷으로만 가능합니다.

쓰기

1. 다음은 '대한민국 구석구석'의 홈페이지예요. 다음을 보고 글을 완성해 보세요.

어떻게 알게 되었습니까?	한국 친구 소개
거기에서 무슨 정보를 알 수 있습니까?	여행지, 맛집, 카페, 숙소, 축제 정보
그밖에 어떤 정보를 알 수 있습니까?	여행 상품 확인(예약 가능) 전화, 문자 상담(24시간, 외국어 상담 가능)

'대한민국 구석구석'을 소개합니다!

안녕하세요? 여러분은 한국 여행 정보를 어떻게 찾습니까? 저는 오늘 여러분에게 한국 여행 정보 홈페이지 '대한민국 구석구석'을 소개하겠습니다.

저는 지난 방학에 전주 여행을 가고 싶었습니다. 그렇지만 정보를 찾을 수 없었습니다.

어떻게 알게 되었습니까?

거기에서 무슨 정보를 알 수 있습니까?

그밖에 어떤 정보를 알 수 있습니까?

여러분도 한국의 여행 정보를 알고 싶으면 '대한민국 구석구석'을 이용해 보세요.

3 단원 주거 환경 Living environment

어휘와 표현 ❶ 집, 주거 환경

p.62

1. 그림을 보고 알맞은 것을 골라 써 보세요.

빌라	주택	기숙사	아파트

(1)  빌라

(2)  ______________

(3)  ______________

(4)  ______________

2. 알맞은 것을 골라 글을 완성해 보세요.

방이 넓다	교통이 편리하다	편의 시설이 많다	햇빛이 잘 들어오다

우리 집은 원룸이에요. (1) 방이 넓어서 좋아요. 방에는 침대와 옷장이 있고 책상도 있어요. 그리고 침대 옆에 창문이 있어요. 창문이 아주 커서 낮에는 (2) ______________.

저는 오피스텔에 살아요. 우리 집 바로 앞에 지하철역과 버스 정류장이 있어서 (3) ______________. 그리고 우리 집 근처에 (4) ______________ 살기 좋아요. 편의점, 은행, 병원도 가깝고, 5분쯤 가면 유명한 카페도 있어요.

어휘와 표현 ② 이사

p.67

1. 알맞은 것을 골라 대화를 완성해 보세요.

전세	월세	부동산	집주인

(1) A 이 집은 한 달에 얼마 정도를 내요?
B 이 집 월세________은/는 한 달에 50만 원이에요.

(2) A 이사 전에 계약을 했어요?
B 네. 어제 __________을/를 만났어요. 그리고 같이 계약서를 썼어요.

(3) A 이사 준비는 잘하고 있어요? 집은 구했어요?
B 네. 지난 주말에 __________에 갔어요. 거기에서 좋은 집을 구했어요.

(4) A 집세는 어떤 걸 찾으세요?
B 저는 한 달에 한 번 집세를 내는 것은 불편해서 싫어요. 비싸지만 __________을/를 찾고 있어요.

2. 알맞은 것을 골라 대화를 완성해 보세요.

계약을 하다	집을 보러 가다	보증금이 필요하다	인터넷으로 알아보다

(1) A 저는 다음달에 이사하려고 해요. 좋은 집을 어떻게 찾을 수 있어요?
B 인터넷으로 알아보세요________. 인터넷에 좋은 집이 많아요.

(2) A 학교와 가깝고 시설이 좋은 원룸을 구하려고 해요.
B 괜찮은 집이 있어요. 보고 싶으시면 지금 ______________ 수 있어요.

(3) A 이 오피스텔은 집세가 어떻게 돼요?
B 한 달에 70만 원이에요. 그런데 ______________. 처음에 1,000만 원을 내야 해요.

(4) A 집이 넓고 좋아요. 이 집을 어떻게 구했어요?
B 한 달 전에 친구가 소개해 줬어요. 집을 보고 너무 좋아서 바로 ______________ 이사 왔어요.

문법 ❶ A-은/ㄴ

pp.63~64

1. 표를 완성해 보세요.

A	-은	A	-ㄴ
많다	많은	나쁘다	
작다		피곤하다	
어렵다		힘들다	

2. 그림을 보고 대화를 완성해 보세요.

(1) 

A 보통 어떤 음료수를 마셔요?

B 저는 따뜻한 차를 자주 마셔요.

(2) 

A 긴 치마를 좋아해요?

B 아니요. 저는 ________ 치마를 좋아해요.

(3) 

A 누가 리카의 언니예요?

B 머리가 길고 키가 ________ 사람이 리카의 언니예요.

(4) 

A 우리 오늘 점심에 떡볶이 먹을까요?

B 저는 ________ 음식을 잘 못 먹어요. 맵지 않은 음식을 먹고 싶어요.

3. 글을 완성해 보세요.

저는 아파트에 삽니다. 우리 집 옆에는 넓고 (1) 조용한 (조용하다) 공원이 있습니다. 저는 주말마다 공원에서 산책합니다. 공원 근처에는 (2) ____________(예쁘다) 카페가 많습니다. 가끔 거기에서 친구를 만납니다. 카페 옆에는 (3) ____________(맛있다) 식당이 있습니다. 저는 거의 매일 거기에서 저녁을 먹습니다. 또 (4) ____________(멀지 않다) 곳에 백화점도 있습니다. 백화점은 점원들이 친절하고 (5) ____________(좋다) 물건이 아주 많습니다. 가족들 생일에는 선물을 사러 백화점에 갑니다. 우리 집 근처에 (6) ____________(편리하다) 시설이 많아서 살기 좋습니다.

N보다

pp.68~69

1. 표를 완성해 보세요.

N	보다	N	보다
동생	동생보다	버스	
영화관		콘서트	

2. 그림을 보고 문장을 완성해 보세요.

읽기 쓰기

잘하다

(1) 읽기를 쓰기보다 잘해요.

선글라스 구두

비싸다

(2) ______________________.

피자 햄버거

좋아하다

(3) ______________________.

파비앙 올리버

바쁘다

(4) ______________________.

3. 대화를 완성해 보세요.

(1) A 수업 후에 보통 카페에서 공부해요?

B 아니요. 저는 카페보다 도서관이 조용해서 항상 도서관에 가요.

(2) A 오늘 저녁에 노래방에 갈까요?

B __________ 영화관에 가는 건 어때요? 저는 노래를 잘 못 불러요.

(3) A 인천공항까지 버스를 타는 게 좋을까요?

B 아니요. 주말에는 길이 막혀서 __________ 지하철을 타는 게 좋아요.

(4) A 지금도 원룸에서 살아요?

B 아니요. 지난달부터 기숙사에서 살아요. 기숙사는 __________ 시설이 편리해요.

문법 ③ A/V-을 때/ㄹ 때

pp.72~73

1. 표를 완성해 보세요.

A/V	-을 때	A/V	-ㄹ 때
맑다	맑을 때	바쁘다	
덥다		시작하다	
듣다		만들다	

2. 관계있는 것을 연결하고 써 보세요.

(1) 날씨가 좋아요 •　　• ① 제일 예뻐요

(2) 방에서 나가요 •　　• ② 에어컨을 꼭 끄세요

(3) 우리 언니는 웃어요 •　　• ③ 부모님께 전화를 해요

(4) 부모님이 보고 싶어요 •　　• ④ 공원에서 자전거를 타요

(1) 날씨가 좋을 때 공원에서 자전거를 타요.

(2) ______________________.

(3) ______________________.

(4) ______________________.

3. 대화를 완성해 보세요.

(1) A 샤오동 씨는 보통 어디에서 숙제해요?

B 저는 숙제할 때 카페에 자주 가요.

(2) A 다니엘 씨, 시간이 있으면 보통 뭐 해요?

B 저는 시간이 ____________ 보통 사진 찍으러 가요.

(3) A 지유 씨, 도서관에서 책을 ____________ 돈을 내야 돼요?

B 아니요. 무료로 빌릴 수 있어요.

(4) A 리카 씨는 언제 기분이 제일 좋아요?

B 저는 맛집에서 맛있는 음식을 ____________ 기분이 정말 좋아요.

더 알아보기 N마다

p.70

1. 표를 완성해 보세요.

N	마다	N	마다
밤	밤마다	나라	
교실		동아리	

2. 다음을 보고 문장을 완성해 보세요.

(1) 저는 여름마다 여행을 가요.

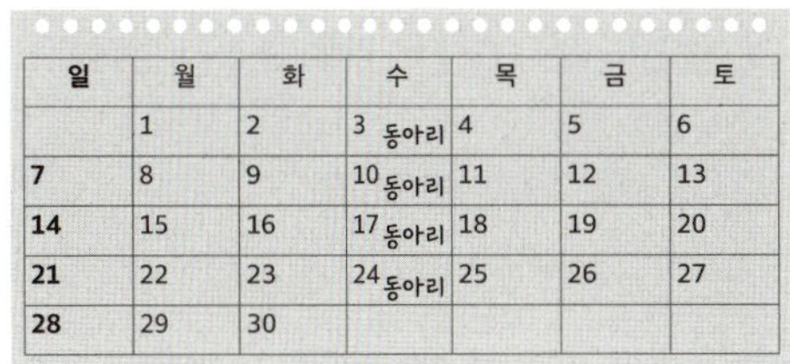

(2) 동아리 모임이 ______________ 있어요.

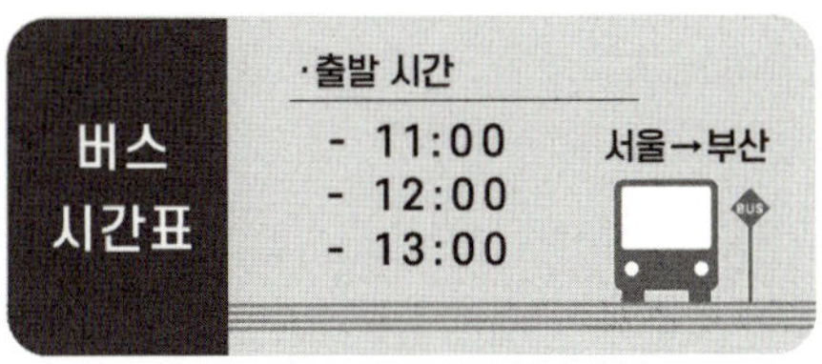

(3) 터미널에서 버스는 ______________ 있어요.

(4) ______________ 친구들과 함께 등산을 해요.

3. 알맞은 것을 골라 대화를 완성해 보세요.

방	고궁	음식	회사

(1) A 한국 회사들은 출근 시간이 몇 시예요?

B 그건 회사마다 달라요.

(2) A 기숙사 방에 화장실이 있어요?

B 네. ______________ 화장실이 있어요.

(3) A 한국 음식은 모두 매워요?

B 아니요. 안 매운 음식도 많아요. ______________ 달라요.

(4) A 고궁은 모두 월요일에 문을 닫아요?

B 아니요. ______________ 달라요. 어떤 곳은 화요일에 문을 닫아요.

듣기

1. 밑줄 친 부분의 알맞은 발음을 골라 보세요. 그리고 들어 보세요. 7

A 어떤 집에서 살고 싶어요?

B 교통이 <u>편리한</u> 집에서 살고 싶어요.

① [편리한] ② [펼리한]

2. 대화를 듣고 질문에 맞는 답을 골라 보세요. 8

(1) 상진의 오피스텔은 겨울 관리비가 어때요?

① 보통 때와 비슷해요. ② 보통 때보다 더 비싸요.

(2) 리카는 다음 학기에 뭐 할 거예요?

① 원룸으로 이사할 거예요. ② 기숙사를 알아볼 거예요.

3. 대화를 듣고 글을 완성해 보세요. 9

지유는 룸메이트와 안 맞아서 좀 힘들어요. 지유의 룸메이트는 요즘 청소도 하지 않고 정리도 안 해요. 그리고 옷과 물건을 여기저기 놓고 지유가 (1) ________________ 새벽까지 컴퓨터 게임을 해요. 지유는 기분이 나빠서 룸메이트와 (2) ________________. 그렇지만 룸메이트와 이야기해 볼 거예요. 사실 지유는 룸메이트와 불편해서 (3) ________________.

memo ....

말하기

1. 알맞은 것을 골라 써 보세요. 그리고 말해 보세요.

불편한 건 없어요　　방이 넓어서 좋아요　　학교 근처 오피스텔에서 살아요

제이슨　샤오동 씨, 지금 어디에서 살아요?

샤오동　(1) ________________________.

제이슨　그래요? 학교 근처 오피스텔은 어때요?

샤오동　햇빛이 잘 들어오고 (2) ________________________.

제이슨　그럼 (3) ________________________?

샤오동　근처에 마트가 없고 지하철역이 멀어서 불편해요. 그래서 근처에 마트가 있고 지하철역이 가까운 곳으로 이사하고 싶어요.

2. 지유와 부동산 중개사가 집에 대해 이야기하고 있어요. 대화를 완성해 보세요.

1

- 방 | 넓다 | 원룸 | 구하고 있다
- 좋다 | 집 | 있다?

- 네. 좋다 | 것 | 하나 있다
- 근처 | 지하철역 | 가깝다 → 편리하다

지유　방이 넓은 원룸을 구하고 있어요. 좋은 집이 있어요?

중개사　(1) ________________________

____

____

2

- 집세 | 어떻게 되다?

- 월세 | 보증금 3,000만 원 | 50만 원 + 전세 | 8,000만 원

지유　집세는 어떻게 돼요?

중개사　(2) ________________________

____

3

- 혹시 지금 집 | 보러 갈 수 있다?

- 오늘 | 집주인 | 없다
- 내일 같이 보러 가다

지유　혹시 지금 집을 보러 갈 수 있어요?

중개사　(3) ________________________

____

읽기

1. 다음을 읽어 보세요.

이화부동산

<원룸>	<빌라>	<오피스텔>
• 10층, 방 1개 • 전세 5천만 원 • 지하철역 근처라서 교통이 편리하고 방마다 에어컨이 있어요!	• 3층, 방 2개 • 월세 2천만 원, 50만 원 • 주변이 조용하고 방이 아주 넓어요!	• 1층, 방 3개 • 전세 7천만 원 • 창문이 크고 인터넷이 무료예요!

2. 다시 읽고 답해 보세요.

(1) 이사하고 싶은 집을 찾아 연결해 보세요.

①  여름에 덥지 않은 집을 찾고 있어요. 그리고 지하철로 학교에 다니고 싶어요. • • ⓐ 원룸

②  낮은 층을 좋아해요. 그리고 룸메이트가 있어서 방이 많은 집에서 살고 싶어요. • • ⓑ 빌라

③  가구가 많아서 넓은 방이 필요해요. 그리고 보증금이 싼 집에서 살고 싶어요. • • ⓒ 오피스텔

(2) 내용과 같은 것을 골라 보세요.

① 원룸은 주변이 시끄럽지 않습니다.

② 빌라보다 원룸에 방이 더 많습니다.

③ 오피스텔은 인터넷을 쓸 때 돈을 내지 않습니다.

쓰기

1. 다음은 제이슨이 살고 있는 동네예요. 다음을 보고 글을 완성해 보세요.

교통은 어떻습니까?	편의 시설은 어떻습니까?	주변 환경은 어떻습니까?

우리 동네

저는 서대문역 근처에서 살고 있습니다. 우리 동네 이름은 영천동입니다. 학교에서 조금 멀지만 집세가 싸서 올해 1월부터 이곳에서 살게 됐습니다.

우리 동네는 살기가 편해서 정말 좋습니다. 우리 집 근처에 ______________________

교통은 어떻습니까?

편의 시설은 어떻습니까?

주변 환경은 어떻습니까?

저는 우리 동네가 정말 좋습니다. 고향에 돌아갈 때까지 여기에서 계속 살고 싶습니다.

4 단원 외모와 성격 Appearance and personality

어휘와 표현 ❶ 옷차림

p.82

1. 그림을 보고 알맞은 것을 골라 써 보세요.

모자	부츠	양말	재킷
스웨터	스카프	원피스	청바지

(1) 청바지

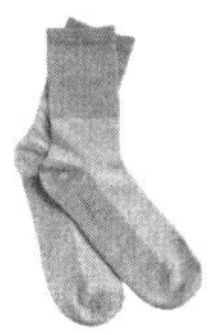
(2) ____________

(3) ____________

(4) ____________

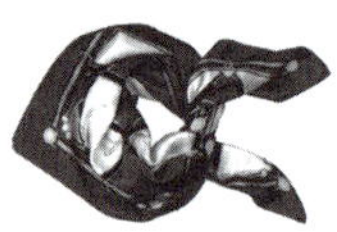
(5) ____________

(6) ____________

(7) ____________

(8) ____________

2. 그림을 보고 알맞은 것을 골라 문장을 완성해 보세요.

메다	신다	쓰다	입다	하다

(1) 샤니는 티셔츠를 입고 목도리를 했어요.

(2) 타나펀은 치마를 ____________ 구두를 ____________.

(3) 샤오둥은 배낭을 ____________ 안경을 ____________.

(4) 다니엘은 정장을 ____________ 넥타이를 ____________.

(5) 브루나는 ________________________.

어휘와 표현 ❷ 색깔

p.87

1. 그림을 보고 알맞은 것을 연결해 보세요.

(1)  • • ① 회색

(2)  • • ② 노란색

(3)  • • ③ 보라색

(4)  • • ④ 빨간색

(5)  • • ⑤ 주황색

(6)  • • ⑥ 초록색

문법 ❶ V-는

pp.83~84

1. 표를 완성해 보세요.

V	-는	V	-는
먹다	먹는	고치다	
신다		일하다	
묻다		놀다	

2. 그림을 보고 대화를 완성해 보세요.

(1)

타나펀

(2)

레아

(3)

제이슨

(4)

샤오동

(1) A 춤을 추는 ________ 사람이 누구예요?
B 타나펀이에요.

(2) A 음식을 ________ 사람이 누구예요?
B 레아예요.

(3) A 사진을 ________ 사람이 누구예요?
B 제이슨이에요.

(4) A 공원에서 ________ 사람이 누구예요?
B 샤오동이에요.

3. 알맞은 것을 골라 대화를 완성해 보세요.

살다	읽다	다니다	공부하다

(1) A 브루나 씨가 지금 사는 ________ 집은 어때요?
B 학교에서 가깝고 깨끗해서 좋아요.

(2) A 다니엘 씨, 지금 ________ 회사는 어때요?
B 일이 많아서 힘들어요.

(3) A 리카 씨, 오늘도 도서관에 갈 거예요?
B 아니요. 요즘 시험이 있어서 도서관에서
________ 사람이 너무 많아요.

(4) A 샤니 씨, 요즘 어떤 책을 읽어요?
B 요즘 ________ 책은 한국 소설책이에요.
조금 어렵지만 너무 재미있어요.

1. 표를 완성해 보세요.

V	-은	V	-ㄴ
찾다	찾은	가다	
받다		운동하다	
걷다		열다	

2. 다음을 연결하고 문장을 완성해 보세요.

(1) 배낭을 멨어요 + 사람 ⇨ 배낭을 멘 사람 이 샤오동이에요.

(2) 점심에 먹었어요 + 불고기 ⇨ ______ 가 입에 맞았어요.

(3) 동아리에서 만났어요 + 친구들 ⇨ ______ 이 모두 친절했어요.

(4) 라디오에서 들었어요 + 노래 ⇨ ______ 의 가수를 알고 싶어요.

(5) 남산에서 봤어요 + 경치 ⇨ ______ 가 멋있어서 또 가고 싶어요.

3. 알맞은 것을 골라 ○표 해 보세요.

(1) A 레아 씨, 이 사진은 언제 찍었어요?

B 지난 달에 경주에서 (찍은, 찍는) 사진이에요.

(2) A 샤오동 씨, 못 (먹은, 먹는) 한국 음식이 있어요?

B 네. 저는 보통 매운 음식을 잘 못 먹어요.

(3) A 타나펀 씨는 무슨 TV 프로그램을 좋아해요?

B 제가 (좋아한, 좋아하는) 프로그램은 음악 프로그램이에요.

(4) A 브루나 씨의 동아리 친구가 누구예요?

B 저기 안경을 쓰고 노란색 티셔츠를 (입은, 입는) 사람이에요.

문법 ❸ N처럼

pp.92~93

1. 표를 완성해 보세요.

N	처럼	N	처럼
형	형처럼	배우	
선생님		운동 선수	

2. 알맞은 것을 골라 대화를 완성해 보세요.

저	가족	그림	천사

(1) A 리카 씨의 기숙사 룸메이트는 어때요?
B 제 룸메이트는 가족처럼 항상 저를 잘 챙겨 줘요.

(2) A 지난 방학 때 뭐 했어요?
B 제주도에 갔어요. 제주도의 풍경이 ________ 아름다웠어요.

(3) A 올가가 오늘 제 한국어 공부를 도와줬어요.
B 어제는 제 숙제도 도와줬어요. 올가는 정말 ________ 착해요.

(4) A 건우 씨의 가족은 모두 고향에 계세요?
B 부모님은 고향에 계시고 형은 ________ 한국에서 공부하고 있어요.

3. 알맞은 것을 골라 글을 완성해 보세요.

가수	모델	화가	요리사	한국 사람

우리 반에는 여러 나라에서 온 친구들이 있습니다. 중국에서 온 샤오동은 (1) 요리사처럼 요리를 잘합니다. 브라질에서 온 브루나는 어릴 때부터 그림을 그렸습니다. 그래서 (2) ________ 그림을 아주 잘 그립니다. 미국에서 온 제이슨은 옷을 잘 입습니다. (3) ________ 아주 멋있습니다. 러시아에서 온 올가는 한국어를 아주 열심히 공부합니다. (4) ________ 한국말을 잘합니다. 태국에서 온 타나펀은 노래를 (5) ________ 잘 부릅니다.

더 알아보기 ① V-고 있다

p.82

1. 표를 완성해 보세요.

V	-고 있다	V	-고 있다
입다	입고 있어요	쓰다	
들다		하다	

2. 그림을 보고 글을 완성해 보세요.

박지유는 모자를 (1) 쓰고 있어요. 그리고 작은 가방을 (2) ______ 예쁜 목걸이를 (3) ______ 짧은 치마를 (4) ______.

더 알아보기 ② A-게

p.96

1. 표를 완성해 보세요.

A	-게	A	-게
달다	달게	예쁘다	
맛있다		조용하다	

2. 알맞은 것을 골라 대화를 완성해 보세요.

싸다	짧다	바쁘다	재미있다

(1) A 머리를 어떻게 해 드릴까요?
B 짧게 잘라 주세요.

(2) A 이 청바지는 100,000원입니다.
B 비싸요. 조금 ______ 해 주세요.

(3) A 요즘 어떻게 지내요?
B 일이 많아서 ______ 지내고 있어요.

(4) A 주말에 놀이공원에 갔어요?
B 네. 거기에서 ______ 놀았어요.

듣기

1. 밑줄 친 부분의 알맞은 발음을 골라 보세요. 그리고 들어 보세요. 10

A 가방이 어떻게 생겼습니까?

B 파란색 체크무늬 가방이에요.

① [무느] ② [무니]

2. 대화를 듣고 질문에 맞는 답을 골라 보세요. 11

(1) 두 사람은 무엇을 하고 있어요?

① 졸업 사진을 보고 있어요. ② 졸업식에서 사진을 찍고 있어요.

(2) 제이슨 씨가 본 공연에 대해 맞는 것을 골라 보세요.

① 좋아서 다시 본 공연이었어요. ② 한국 전통 악기 소리가 좋았어요.

3. 대화를 듣고 글을 완성해 보세요. 12

레아는 샤오동에게 프랑스 친구를 소개해 주려고 해요. 레아의 프랑스 친구는 한국 대학교에서 국제관계를 전공하고 있어요. 그리고 어릴 때 중국에서 살아서 (1) ______________________. 성격이 샤오동처럼 (2) ______________________. 샤오동과 성격이 비슷해서 (3) ______________________.

memo

말하기

1. 알맞은 것을 골라 써 보세요. 그리고 말해 보세요.

와 줘서 고마워요	같이 인사하러 가요	티셔츠를 입고 있는 사람요

건우 브루나 씨, 전시회 축하해요.

브루나 건우 씨, (1) ______________________________.

건우 그런데 브루나 씨, 저기에서 리카랑 이야기하는 사람은 누구예요?

브루나 반바지에 (2) ______________________________?

건우 아니요. 그 옆에 긴 바지를 입고 모자를 쓰고 있는 사람요.

브루나 고향 친구예요. 제가 소개해 줄게요. (3) ______________________________.

2. 지하철 유실물 센터 직원과 제이슨이 잃어버린 물건에 대해 이야기하고 있어요. 대화를 완성해 보세요.

1

- 무엇 | 도와드리다?

- 오늘 아침 | 지하철 | 지갑 | 놓다 + 내리다

직원 뭘 도와드릴까요?

제이슨 (1) ______________________________

____

2

- 지갑 | 어떻게 생기다?

- 까만색 가죽 | 되다 | 지갑이다
- 지갑 안 | 카드 | 있다
→ 꼭 찾아야 하다

직원 지갑이 어떻게 생겼습니까?

제이슨 (2) ______________________________

____

____

3

- 성함 + 연락처 | 말하다?

- 저 | 이름 | 제이슨이다 + 전화번호 | 010-1234-5678이다

직원 성함과 연락처를 말씀해 주시겠어요?

제이슨 (3) ______________________________

____

____

읽기

1. 다음을 읽어 보세요.

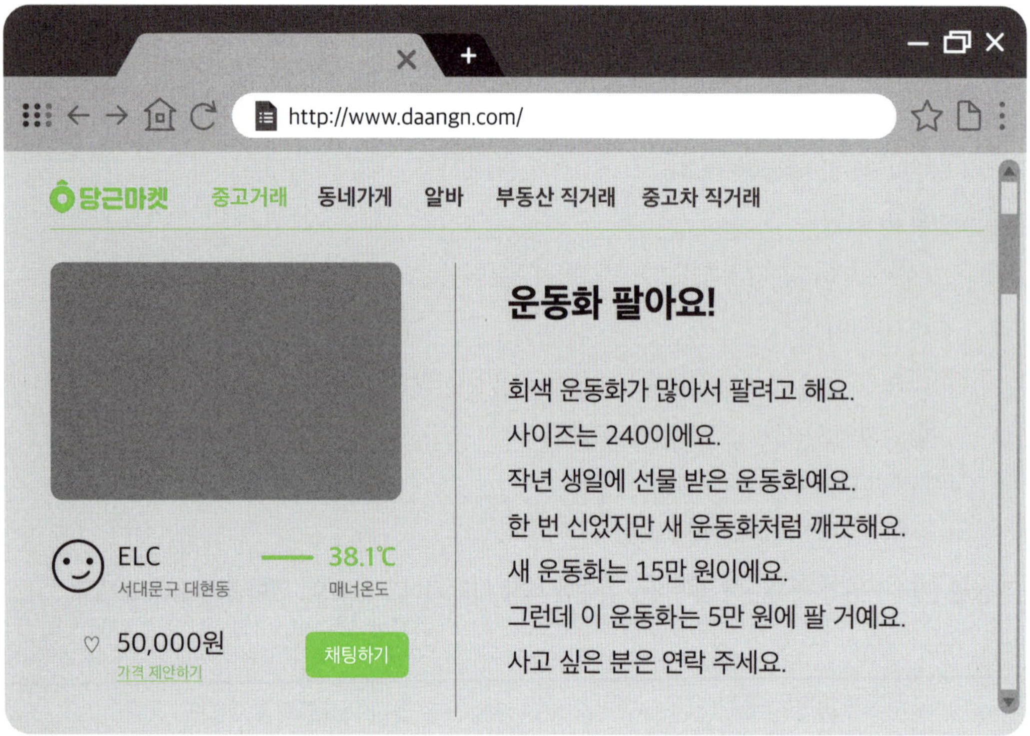

2. 다시 읽고 답해 보세요.

(1) 팔려고 하는 물건의 사진으로 알맞은 것을 골라 보세요.

①

②

③

(2) 내용에 맞게 문장을 고쳐 써 보세요.

① 운동화가 작아서 팔고 싶어요. ⇨ ____________________.

② 신지 않은 운동화를 팔 거예요. ⇨ ____________________.

③ 작년에 산 운동화를 팔려고 해요. ⇨ ____________________.

④ 새 운동화의 가격은 5만 원이에요. ⇨ ____________________.

쓰기

1. 다음은 올가의 이상형이에요. 다음을 보고 글을 완성해 보세요.

〈 성격 〉
- 급하지 않다
- 친절하다
- 주변 사람을 잘 도와주다

〈 직업 〉
- 상관없다
- 일을 열심히 하다

〈 취미 〉
- 운동을 잘하다
- 운동을 같이 할 수 있다

나의 이상형

사람마다 이상형은 다릅니다. 외모를 중요하게 생각하는 사람도 있고 성격을 중요하게 생각하는 사람도 있습니다. 저는 외모보다 성격이 더 중요합니다. 지금부터 제 이상형을 소개하겠습니다.

저는 ______

성격이 어떤 사람이 좋습니까?

직업이 어떤 사람이 좋습니까?

취미가 어떤 사람이 좋습니까?

그런데 저는 이상형을 아직 못 만났습니다. 빨리 만나고 싶습니다.

5 단원 경험 Experiences

어휘와 표현 ❶ 여행 준비

p.102

1. 그림을 보고 알맞은 것을 골라 써 보세요.

짐을 싸다	짐을 부치다	탑승 수속을 하다	여행지 정보를 찾아보다

(1) 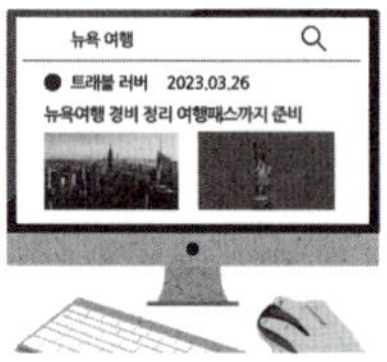

여행지 정보를 찾아봐요.

(2) 

______________________.

(3) 

______________________.

(4) 

______________________.

2. 관계있는 것을 연결하고 대화를 완성해 보세요.

(1) 일정 • —— • ② 짜다

(1) 일정 •	• ① 들다
(2) 교통편 •	• ② 짜다
(3) 상비약 •	• ③ 챙기다
(4) 여행자 보험 •	• ④ 예약하다

(1) A 제이슨 씨, 여행 준비는 다 했어요?

B 아니요. 아직 계획도 못 세웠어요.

지금부터 일정을 짜려고 해요.

(2) A 지금 뭐 하고 있어요?

B 다음 주에 부산에 가려고 인터넷으로

교통편을 ______________ 있어요.

(3) A 약이 왜 이렇게 많아요?

B 제가 주말에 여행을 가요. 그래서

상비약을 ______________ 있어요.

(4) A 레아 씨, 여행자 보험을 ______________?

여행할 때 갑자기 아프면 필요할 거예요.

B 아니요. 아직 가입하지 않았어요. 오늘 꼭 가입할게요.

p.107

1. 그림을 보고 대화를 완성해 보세요.

(1) 

군인이에요______________.

(2) 

______________________.

(3) 

______________________.

(4) 

______________________.

2. 알맞은 것을 골라 문장을 완성해 보세요.

교수	소설가	외교관	통역사	디자이너	엔지니어

(1) 우리 삼촌은 엔지니어__________이에요/예요. 자동차를 만드는 일을 해요.

(2) 우리 어머니는 ______________이세요/세요. 대학교에서 역사를 가르치세요.

(3) 제 꿈은 ______________이/가 되는 것이에요. 예쁜 옷을 직접 만들고 싶어요.

(4) 저 사람은 ______________이에요/예요. 요즘 저 사람이 쓴 책이 인기가 많아요.

(5) 우리 아버지는 ______________이라서/라서 여러 나라에 있는 한국 대사관에서 일하셨어요.

(6) 저는 ______________이/가 되고 싶어요. 그래서 한국어를 영어로 바꾸는 연습을 많이 하고 있어요.

1. 표를 완성해 보세요.

A/V	-겠-	A/V	-겠-
맛있다	맛있겠어요	편하다	
어렵다		오다	
먹다		만들다	

2. 알맞은 것을 골라 대화를 완성해 보세요.

춥다	잘하다	졸리다	힘들다

(1) A 지금 밖에 바람이 많이 불고 눈이 와요.
B 그럼 많이 춥겠어요.

(2) A 제 친구는 한국에서 10년 살았어요.
B 그럼 한국어를 ________________.

(3) A 요즘 일이 많아서 아주 바빠요. 주말에도 회사에 가요.
B 그래요? 정말 ________________.

(4) A 어제 커피를 많이 마셔서 밤에 잠을 못 잤어요.
B 그럼 지금 ________________. 오늘은 집에 일찍 가세요.

3. 알맞은 것을 골라 ○표 해 보세요.

(1) A 다음 학기에 장학금을 받게 됐어요.
B 그래요? 정말 (좋겠어요, 좋았겠어요).

(2) A 지난 주말에 한강 공원에서 꽃 축제가 있었어요.
B 그래요? 그럼 한강 공원에 사람들이 (많겠어요, 많았겠어요).

(3) A 이 원룸은 방이 넓고 시설이 좋아요. 근처에 편의 시설도 많아요.
B 그럼 방값이 (비싸겠어요, 비쌌겠어요).

(4) A 리카 씨는 언제 비행기를 탔어요?
B 3시간 전에 탔어요. 지금쯤 일본에 (도착하겠어요, 도착했겠어요).

1. 표를 완성해 보세요.

V	-은 적이 있다	V	-ㄴ 적이 있다
입다	입은 적이 있어요	타다	
신다		공부하다	
걷다		살다	

2. 다음을 보고 문장을 완성해 보세요.

(1) 

저는 어릴 때 피아노를 배웠어요.

타나펀은 피아노를 배운 적이 있어요.

(2) 

저는 작년에 도서관에서 학생증을 잃어버렸어요.

샤오동은 학생증을 ____________________.

(3) 

저는 지난 주말에 친구 집에서 한국 음식을 만들었어요.

레아는 한국 음식을 ____________________.

(4) 

저는 지난 학기에 말하기 대회에서 상을 받았어요.

리카는 말하기 대회에서 상을 ____________________.

3. 대화를 완성해 보세요.

(1) A 외국에서 일한 적이 있어요?

B 네. 3년 전에 미국에서 일했어요.

(2) A 한국 전통 공연을 ____________________?

B 네. 작년에 학교 축제에서 봤어요.

(3) A 고향에서 한국 노래를 ____________________?

B 네. 저는 한국 노래를 좋아해서 많이 들었어요.

(4) A 유명한 사람과 같이 사진을 ____________________?

B 아니요. 없어요. 제가 좋아하는 가수와 사진을 찍고 싶어요.

문법 ③ V-는 동안(에)

pp.112~113

1. 표를 완성해 보세요.

V	-는 동안(에)	V	-는 동안(에)
씻다	씻는 동안(에)	자다	
읽다		일하다	
묻다		열다	

2. 그림을 보고 문장을 완성해 보세요.

(1)

제이슨은 집에서 쉬는 동안(에) 음악을 들어요.

(2)

타나펀은 밥을 ________ ________ 드라마를 봤어요.

(3)

레아는 미용실에서 ________ ________ 책을 읽었어요.

(4)

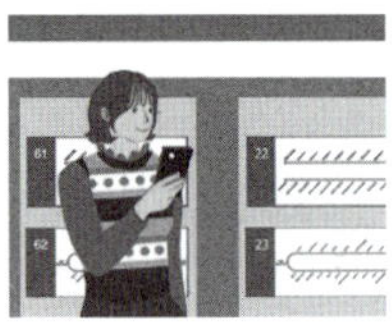

리카는 버스를 ________ ________ 휴대 전화로 인터넷을 해요.

3. 알맞은 것을 골라 대화를 완성해 보세요.

가다	살다	찾다	다니다

(1) A 언제 리카에게 연락했어요?

B 집에 가는 동안(에) 리카에게 메시지를 보냈어요.

(2) A 아르바이트를 한 적이 있어요?

B 네. 대학교에 ________ 아르바이트를 많이 했어요.

(3) A 제이슨 씨, 한국에서 ________ 뭘 해 보고 싶어요?

B 한국의 여러 곳을 여행해 보고 싶어요.

(4) A 레아 씨, 제가 도서관에서 책을 ________ ________ 기다려 주세요.

B 네. 알겠어요. 여기에서 기다릴게요.

⊕ 더 알아보기 V-아 보다/어 보다 (경험)

p.110

1. 표를 완성해 보세요.

V	-아 보다	V	-어 보다
찾다	찾아 봐요	배우다	
오다		걷다	

2. 표를 보고 문장을 완성해 보세요.

무엇을 해 봤어요?	샤니	브루나
한복 입기	×	○
한국 소설책 읽기	○	×
한국에서 운전하기	×	×
한국에서 미용실에 가기	○	○

(1) 브루나는 한복을 입어 봤어요.

(2) 샤니는 한국 소설책을 ________.

(3) 샤니와 브루나는 한국에서 운전을 ________.

(4) 샤니와 브루나는 한국에서 미용실에 ________.

3. 대화를 완성해 보세요.

(1) A 인터넷으로 기차표를 예매해 봤어요?

B 네. 인터넷으로 표를 예매하는 게 별로 어렵지 않았어요.

(2) A 타나펀 씨, 이 노래를 ________?

B 아니요. 처음 들어요. 누가 부른 노래예요?

(3) A 어릴 때 눈사람을 ________?

B 네. 어릴 때는 눈이 올 때마다 아버지하고 같이 눈사람을 만들었어요.

(4) A 한국에서 스키를 탄 적이 있어요?

B 아니요. 아직 ________. 타 보고 싶어요.

(5) A 붕어빵을 먹은 적이 있어요?

B 아니요. 아직 ________. 먹어 보고 싶어요.

듣기

1. 밑줄 친 부분의 알맞은 발음을 골라 보세요. 그리고 들어 보세요. 13

A 한국에 있는 동안 뭘 하고 싶어요?

B 새해 첫날 정동진에 해돋이를 보러 가고 싶어요.

① [해도디] ② [해도지]

2. 대화를 듣고 질문에 맞는 답을 골라 보세요. 14

(1) 리카는 무엇을 아직 안 했어요?

① 짐을 싸는 것 ② 여행자 보험을 드는 것

(2) 제이슨은 왜 힘들었어요?

① 구경을 많이 해서 ② 비행기를 타지 못해서

3. 대화를 듣고 글을 완성해 보세요. 15

제이슨은 이번 학기가 끝나면 고향에 돌아갈 거예요. 제이슨은 (1) ______________ 하지 못해서 아쉬운 게 있어요. 지난 학기에 한국어 말하기 대회에 나가고 싶었지만 한국어를 잘 못해서 (2) ______________ 아쉬웠어요. 그렇지만 한국에서 여행을 많이 다녔고 한국 친구와 여러 나라에서 온 (3) ______________ 좋았어요.

memo

말하기

1. 알맞은 것을 골라 써 보세요. 그리고 말해 보세요.

많이 걸어야 했어요	유적지도 구경했어요	기억에 남는 여행이었어요

지유 샤니 씨, 경주에 잘 다녀왔어요?
샤니 네. 박물관도 가고 (1) ______________________.
지유 유적지는 어땠어요?
샤니 유적지는 좋았지만 (2) ______________________.
지유 그래요? 힘들었겠어요.
샤니 네. 그렇지만 (3) ______________________.

2. 레아와 샤오동이 아르바이트 경험에 대해 이야기하고 있어요. 대화를 완성해 보세요.

[1]

• 아르바이트 | 하다 | 있다?

• 네. 저 | 아르바이트 | 많이 하다

레아 아르바이트를 한 적이 있어요?
샤오동 (1) ______________________
____

[2]

• 무슨 아르바이트 | 해 보다?

• 중국어 | 가르치다 |
아르바이트 | 해 보다 | 있다
• 식당 + 편의점 | 일해 보다

레아 무슨 아르바이트를 해 봤어요?
샤오동 (2) ______________________
____
____

[3]

• 중국어 | 가르치다 |
아르바이트 | 어떻다?

• 수업 | 준비하는 것 | 힘들다
→ 좋다 | 경험 | 되다

레아 중국어를 가르치는 아르바이트는 어때요?
샤오동 (3) ______________________
____

읽기

1. 다음을 읽어 보세요.

http://company.com/apply

이름	(한글) 브루나 다 실바	(영문 성명)	Bruna Da Silva
전화번호	010-1395-8756	이메일 주소	Bruna.d.s@ewha.edu
주소	서울특별시 서대문구 이화대길 64		

우리 회사에 지원한 이유가 무엇입니까?

저는 여행을 좋아해서 자주 여행을 했습니다. 한국에서도 여러 곳을 여행해 봤고, 좋은 곳을 많이 알게 됐습니다. 제가 알게 된 좋은 여행지를 많은 사람들에게 소개하는 일을 하고 싶어서 (ⓐ)에 지원하게 됐습니다. 특히 요즘 브라질에는 저처럼 한국 문화에 관심이 있는 사람들이 많습니다. 그런 브라질 사람들에게 한국의 좋은 곳을 소개해 주고 한국에 오면 직접 안내해 주고 싶습니다.

어떤 경험을 했습니까?

저는 브라질에 있을 때 제 여행 경험을 많은 사람들에게 알리고 싶었습니다. 그래서 여행 블로그에 브라질의 여행지를 소개하는 글을 쓴 적이 있습니다. 그리고 한국에서는 한국에 여행 온 브라질 사람들을 안내하는 아르바이트를 해 봤습니다.

2. 다시 읽고 답해 보세요.

(1) ⓐ에서 하는 일로 알맞은 것을 골라 보세요.

①

②

③

(2) 내용과 <u>다른</u> 것을 골라 보세요.

① 브루나는 한국에서 아르바이트를 한 적이 없어요.

② 브루나는 한국의 좋은 여행지를 많이 알고 있어요.

③ 요즘 한국 문화에 관심이 있는 브라질 사람들이 많아요.

쓰기

1. 다음은 올가가 한국에서 한 특별한 경험이에요. 다음을 보고 글을 완성해 보세요.

무엇을 했습니까?

한옥 마을에 갔어요

저는 한국의 전통문화에 관심이 있습니다. 그래서 한국의 전통문화를 직접 보고 배우고 싶어서 지난 방학에 친구들과 남산 근처에 있는 한옥 마을에 갔습니다.

우리는 한옥 마을에서 ______________________________

거기에서 무엇을 했습니까?

한옥 마을에서 한국 전통문화를 직접 보고 경험할 수 있어서 정말 재미있었습니다.

6 단원 공공장소 Public places

어휘와 표현 ❶ 은행 업무

p.122

1. 알맞은 것을 연결해 보세요.

(1) 돈 •	• ① 뽑다
(2) 서명 •	• ② 찾다
(3) 번호표 •	• ③ 하다
(4) 비밀번호 •	• ④ 누르다
(5) 체크 카드 •	• ⑤ 신청하다

2. 그림을 보고 알맞은 것을 골라 대화를 완성해 보세요.

저금하다	환전하다	돈을 보내다	통장을 만들다

(1) 

A 그동안 모은 돈을 어떻게 할 거예요?

B 은행에 저금할 거예요.

(2) 

A 은행에서 뭐 했어요?

B 아직 통장이 없어서 은행에서 ________________.

(3) 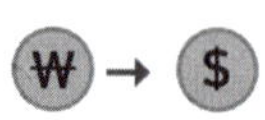

A 미국으로 여행을 가려고 해요. 한국 돈을 어디에서 바꿀 수 있어요?

B 공항에 있는 은행에서 ________________ 수 있어요.

(4) 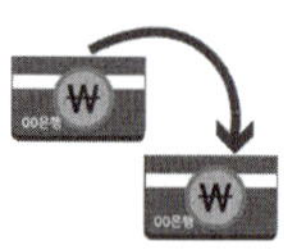

A 어머니 생신 선물을 샀어요?

B 아니요. 시간이 없어서 어머니 통장으로 ________________ 드렸어요.

어휘와 표현 ❷ 공공 예절

p.127

1. 그림을 보고 알맞은 것을 골라 문장을 완성해 보세요.

뛰어다니다	새치기하다	사람을 밀다
그림을 만지다	큰 소리로 떠들다	음식물을 가져가다

(1)

(2)

(3)

(4)

(5)

(6)

(1) 실내에서는 큰 소리로 떠들지 마세요. 조용히 관람해 주세요.

(2) 미술관의 ________________. 그림은 눈으로만 보세요.

(3) 미술관에 들어갈 때 ________________. 예절을 지키세요.

(4) 미술관에서는 음식을 먹을 수 없습니다. ________________.

(5) 다른 사람이 다칠 수 있습니다. 앞에 있는 ________________.

(6) 미술관 안에서 ________________. 다른 사람에게 방해가 됩니다

문법 ① A-은데/ㄴ데, V-는데

pp.123~124

1. 표를 완성해 보세요.

A	-은데	A	-ㄴ데	V	-는데
작다	작은데	크다		먹다	
많다		편하다		하다	
어렵다		예쁘다		만들다	

2. 다음을 연결하고 문장을 완성해 보세요.

(1) 어제 인사동에 갔어요 + 사람이 많았어요

⇨ 어제 인사동에 갔는데 사람이 많았어요.

(2) 케이팝 댄스를 배워요 + 정말 재미있어요

⇨ ______________________.

(3) 이 가수 노래를 처음 들었어요 + 멜로디가 너무 좋아요

⇨ ______________________.

(4) 학생 식당에서 떡볶이를 팔아요 + 맛있어서 인기가 많아요

⇨ ______________________.

3. 알맞은 것을 골라 대화를 완성해 보세요.

좋다	보내다	아프다	생일이다

(1) A 날씨가 좋은데 공원에 산책하러 갈까요?

B 좋아요. 점심 먹고 같이 가요.

(2) A 제가 휴대 전화로 문자를 __________ 봤어요?

B 미안해요. 너무 바빠서 아직 못 봤어요.

(3) A 몸은 좀 어때요?

B 어제까지는 머리가 __________ 지금은 괜찮아요.

(4) A 수업 후에 뭐 할 거예요?

B 백화점에 가려고요. 내일이 친구 __________ 아직 선물을 못 샀어요.

문법 ② V-아도 되다/어도 되다

pp.128~129

1. 표를 완성해 보세요.

V	-아도 되다	V	-어도 되다
닫다	닫아도 돼요	쉬다	
자다		듣다	
오다		부르다	

2. 알맞은 것을 골라 대화를 완성해 보세요.

열다 마시다 사용하다 신어 보다

(1) A 이 컴퓨터를 사용해도 돼요 ?
B 네. 사용하세요.

(2) A 이 운동화를 좀 ______________?
B 네. 신어 보세요.

(3) A 교실이 너무 더운데 창문을 ______________?
B 네. 여세요.

(4) A 선생님, 수업 시간에 커피를 ______________?
B 네. 괜찮아요. 드세요.

3. 대화를 완성해 보세요.

(1) A 선생님, 시험볼 때 볼펜으로 써야 돼요?
B 아니요. 연필로 써도 돼요 .

(2) A 그 식당은 전화로만 예약할 수 있어요?
B 아니요. 인터넷으로 ______________.

(3) A 언어교육원 입학 서류를 언어교육원에 직접 내야 돼요?
B 아니요. 우편으로 ______________.

(4) A 여기에서 사진을 찍을 수 있어요?
B 네. 찍으세요. 이 박물관에서는 사진을 ______________.

문법 ❸ V-으면 안 되다/면 안 되다

pp.132~133

1. 표를 완성해 보세요.

V	-으면 안 되다	V	-면 안 되다
앉다	앉으면 안 돼요	오다	
입다		운동하다	
걷다		팔다	

2. 대화를 완성해 보세요.

(1) A 병원에 꽃을 가져가도 돼요?

B 아니요. 병원에 꽃을 가져가면 안 돼요.

(2) A 너무 더운데 호수에서 수영해도 돼요?

B 안 돼요. 이 호수에서는 ________________.

(3) A 기숙사에서 늦은 시간에 세탁기를 돌려도 돼요?

B 아니요. 밤에 세탁기를 ________________.

(4) A 카페에 강아지를 데려가도 돼요?

B 어떤 카페는 데려가도 되지만 강아지를 ________________ 카페도 있어요.

3. 알맞은 것을 골라 글을 완성해 보세요.

가다	듣다	차다	피우다

비행기에서 규칙을 지켜야 합니다. 비행기가 출발할 때 화장실에 (1) 가면 안 됩니다. 화장실은 출발 전, 후에 가야 합니다. 비행기에서 큰 소리로 음악을 (2) ________________. 그리고 비행기에서 앞 사람의 의자를 발로 (3) ________________. 다른 사람에게 방해가 됩니다. 또한 비행기 안에서 담배를 (4) ________________.

더 알아보기 ① A/V-았을 때/었을 때

p.130

1. 표를 완성해 보세요.

A/V	-았을 때	A/V	-었을 때
좋다	좋았을 때	크다	
돕다		듣다	

2. 알맞은 것을 골라 ○표 해 보세요.

(1) 레아는 (쇼핑할 때, 쇼핑했을 때) 기분이 좋아요.

(2) 학생증을 (만들 때, 만들었을 때) 사진이 있어야 돼요.

(3) 한국에 처음 (올 때, 왔을 때) 명동에서 삼겹살을 먹었어요.

(4) 지갑을 (잃어버릴 때, 잃어버렸을 때)에는 경찰서에 연락하면 돼요.

더 알아보기 ② ㅎ 불규칙

p.136

1. 표를 완성해 보세요.

A	-아요	-은	A	-어요	-은
파랗다	파래요		그렇다		
동그랗다			어떻다		

2. 알맞은 것을 골라 대화를 완성해 보세요.

그렇다	빨갛다	어떻다	하얗다

(1) A 얼굴이 왜 그렇게 빨개요?
B 밖의 날씨가 너무 추워서요.

(2) A 다니엘 씨, 우리 내일 수업 없는 거 알아요?
B ________? 어제 학교에 안 와서 몰랐어요.

(3) A 창밖을 보세요. 눈이 많이 왔어요.
B 와! 나무도 길도 모두 ________.

(4) A 브루나 씨는 ________ 사람을 좋아해요?
B 저는 키가 크고 마음이 넓은 사람을 좋아해요.

듣기

1. 밑줄 친 부분의 알맞은 발음을 골라 보세요. 그리고 들어 보세요. 16

A 여권이 없는데 통장을 만들 수 있어요?

B 네. 외국인등록증이 있으시면 그거 주세요.

① [엄는데] ② [업는데]

2. 대화를 듣고 질문에 맞는 답을 골라 보세요. 17

(1) 체크 카드를 만드는 순서로 맞는 것을 고르세요.

① 신청서 쓰기 → 서명하기 → 비밀번호 누르기 ② 신청서 쓰기 → 비밀번호 누르기 → 서명하기

(2) 타나펀은 내일 수업 후에 뭐 할 거예요?

① 영화를 보러 영화관에 갈 거예요. ② 비자를 연장하러 출입국·외국인청에 갈 거예요.

3. 대화를 듣고 글을 완성해 보세요. 18

샤니는 지금 기숙사에 살아요. 기숙사는 조용하고 시설이 깨끗해서 좋아요. 그런데 기숙사에는 지켜야 하는 규칙이 있어요. 기숙사에서는 방에서 다리미를 사용하면 안 되고 (1) ____________________. 음식은 1층 부엌에서만 만들 수 있어요. 그리고 기숙사에 다른 사람을 (2) ____________________. 짐을 방 밖에 (3) ____________________. 짐은 방 안에 놓아야 돼요. 그리고 방을 바꿀 수 없어요.

memo

말하기

1. 알맞은 것을 골라 써 보세요. 그리고 말해 보세요.

보내려고 하는데요	가격이 어떻게 돼요	일반 우편으로 보낼게요

직원 어서 오세요. 뭘 도와드릴까요?

제이슨 태국 방콕으로 카드를 (1) ______________________.

직원 일반 우편하고 빨리 가는 특급 우편(EMS)가 있는데 뭐로 보내시겠어요?

제이슨 (2) ______________________?

직원 여기 저울 위에 올려 보세요. 일반 우편은 4,000원이고 국제 특급 우편은 15,000원이에요.
일반 우편으로 보내시면 2주일 이상 걸리고 국제 특급 우편으로 보내시면 5일 정도 걸려요.

제이슨 그럼 (3) ______________________.

2. 다니엘과 브루나가 도서관에서 있었던 일에 대해 이야기하고 있어요. 대화를 완성해 보세요.

1

• 여기 | 앉다 | 괜찮다?

• 네. 앉다

다니엘 여기에 앉아도 괜찮아요?

브루나 (1) ______________________

____

2

• 주말 | 잘 보내다?

• 친구 | 공부하다 → 도서관 | 가다
그런데 기분 | 안 좋다

다니엘 주말은 잘 보냈어요?

브루나 (2) ______________________

____

3

• 무슨 일 | 있다?

• 옆 | 앉다 | 사람 | 계속 음식 | 먹다
그리고 큰 소리 | 떠들다 → 방해 |
되다

다니엘 무슨 일이 있었어요?

브루나 (3) ______________________

____

____

읽기

1. 다음을 읽어 보세요.

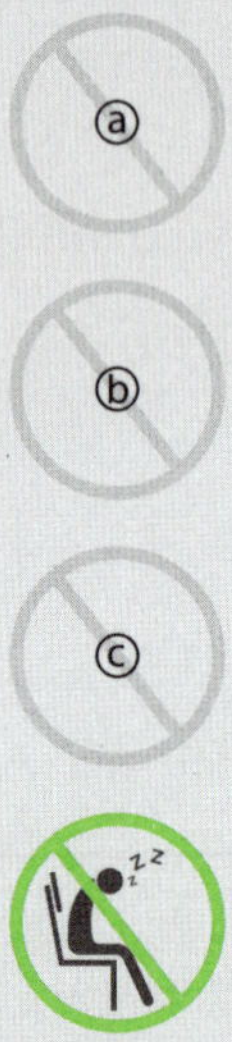

1. 휴대 전화를 사용하지 마세요.
수업 중에 휴대 전화를 사용하면 안 됩니다. 다른 사람에게 방해가 됩니다.
통화는 쉬는 시간에 해 주세요.

2. 음식을 먹지 마세요.
교실에서 음식을 먹을 수 없습니다. 음료수만 마실 수 있습니다.
음식을 먹을 때는 휴게실을 이용해 주세요.

3. 사진을 찍지 마세요.
수업 시간에 사진을 찍지 마세요. 영상을 찍는 것도 안 됩니다.

4. 수업 시간에 자지 마세요.
수업 중에 자면 안 됩니다. 수업 시간에는 수업을 열심히 들으세요.

2. 다시 읽고 답해 보세요.

(1) 글의 제목으로 맞는 것으로 골라 보세요.

① 교실에서 지켜 주세요!

② 쉬는 시간에만 해 주세요!

③ 학교 휴게실을 이용해 주세요!

(2) ⓐ~ⓒ에 맞지 않는 그림을 골라 보세요.

①

ⓐ

②

ⓑ

③

ⓒ

쓰기

1. 다음은 샤니가 규칙을 어긴 경험에 대한 내용이에요. 다음을 보고 글을 완성해 보세요.

언제, 어떤 규칙을 어겼습니까?	• 말하기대회 전날 밤 • 기숙사 방에서 밤 늦게까지 음악 소리를 크게 하다
규칙을 어긴 후에 어떻게 되었습니까?	• 기숙사 선생님이 사무실로 부르다 • 선생님이 주의를 주다 - 늦은 시간에는 조용히 해야 하다 - 우리가 너무 시끄럽다

기숙사 규칙을 어길 생각은 없었는데……

우리 기숙사에는 규칙이 많습니다. 그중에서 늦은 시간에 떠들면 안 되는 규칙이 있습니다. 그런데 저는 그 규칙을 어긴 적이 있습니다.

지난 가을 학기였습니다. 그때 한국어 말하기 대회가 있었습니다. 그 대회에서 축하 공연도 하는데 저와 올가가 케이팝 댄스 공연을 했습니다.

우리는 ______________________________

____

____

____

____

____

언제, 어떤 규칙을 어겼습니까?

규칙을 어긴 후에 어떻게 되었습니까?

______________________________ 우리는 기숙사 친구들에게 정말 미안했습니다. 그래서 춤 연습을 더 하지 않았습니다.

부록

문법 설명

듣기 지문 및 정답

문법 설명

1 단원 학교생활

1. V-으려고/려고

의미

▶ **'-으려고/려고'는 동사에 붙어 뒤 절의 행동을 하는 의도나 목적을 나타낼 때 사용해요.**

Ⓔ 으려고/려고 is attached to a verb to indicate the intention or purpose of an action of the following clause.

Ⓙ 「-으려고/려고」は動詞に付いて、後ろの節の行動の意図や目的を表すときに使います。

㊥ "-으려고/려고"接在动词后，表示后句中某种行为的意图或目的时使用。

㊥ 「-으려고/려고」接在動詞後，表示進行後句動作的意圖或目的。

받침 ㅇ + 으려고　　예) 먹**으려고**
받침 ×, ㄹ + 려고　　예) 가**려고**, 만들**려고**

유의

◆ **앞 절과 뒤 절의 주어가 같아야 하고, 뒤 절의 주어는 생략돼요.**

Ⓔ The subjects of the first and second clause should be the same, and the subject of the second clause is omitted.

Ⓙ 前の節と後ろの節は同じ主語でなければならず、後ろの節の主語は省略されます。

㊥ 前半句和后半句的主语必须一样，且后半句的主语可省略。

㊥ 前子句和後子句的主語必須一樣，且後子句的主語可省略。

- 지유가 밥을 먹**으려고** 식당에 갔어요. (○)
  지유가 밥을 먹으려고 샤오동이 식당에 갔어요. (×)

◆ **'-았/었-', '-겠-'과 같이 사용할 수 없어요.**

Ⓔ -으려고/려고 cannot be used with -았/었-, -겠-.

---

* ㊥ 중국어간체판 ㊥ 중국어번체판

日 「-았/었-」、「-겠-」とともに使うことはできません。

中 不可以和"-았/었-"、"-겠-"一起使用。

㊥ 不可以和「-았/었-」、「-겠-」一起使用。

- 약을 먹었으려고 약국에 갔어요. (×)
  약을 먹겠으려고 약국에 갈 거예요. (×)

◆ **뒤 절에 청유문이나 명령문이 올 수 없어요.**

E Requests or imperatives cannot be used in the second clause.

日 後ろの節に勧誘文や命令文は来ません。

中 后半句不可以使用共动句或命令句。

㊥ 後子句不可以使用共動句或命令句。

- 산책을 하려고 공원에 같이 가요. (×)
  산책을 하려고 공원에 가세요. (×)

◆ **'-으려고/려고'와 '-으러/러'는 모두 의도나 목적을 나타낼 때 사용하지만 '-으려고/려고'는 뒤 절에 모든 동사를 사용할 수 있어요. 그런데 '-으러/러'는 뒤 절에 '가다, 오다, 다니다' 등의 이동을 나타내는 동사만 사용해요.**

E -으려고/려고 and -으러/러 are both used to indicate intention or purpose. Any verb can be used in the clause following -으려고/려고, but only verbs indicating movement such as 가다, 오다, 다니다 can be used in the clause following -으러/러.

日 「-으려고/려고」と「-으러/러」は、どちらも意図や目的を表すときに使います。「-으려고/려고」は後ろの節で全ての動詞を使うことができますが、「-으러/러」は後ろの節で「가다、오다、다니다」などの移動を表す動詞のみ使います。

中 "-으려고/려고"和"-으러/러"都是在表示意图或目的时使用，但"-으려고/려고"的后半句可使用所有的动词，而"-으러/러"的后半句只可使用"가다、오다、다니다"等表示移动的动词。

㊥ 「-으려고/려고」和「-으러/러」都是在表示意圖或目的時使用，但「-으려고/려고」的後子句可使用所有的動詞，而「-으러/러」的後子句只可使用「가다、오다、다니다」等表示移動的動詞。

- 친구를 만나**려고** 카페에 **갔어요**. (○)
  친구를 만나**려고** 카페에서 **기다려요**. (○)

- 친구를 만나**러** 카페에 **갔어요**. (○)
  친구를 만나러 카페에서 기다려요. (×)

2. V-을게요/ㄹ게요

의미

▶ **'-을게요/ㄹ게요'는 동사에 붙어 말하는 사람이 미래의 어떤 일을 하겠다는 뜻이나 의지를 나타내요. 또한 약속을 할 때 사용해요.**

Ⓔ -을게요/ㄹ게요 is attached to a verb to indicate the speaker's willingness to do something in the future. It is also used to promise something.

Ⓙ 「-을게요/ㄹ게요」は動詞に付いて、話し手が未来でしようとしていることや意思を表します。また、約束をするときにも使われます。

Ⓒ "-을게요/ㄹ게요"接在动词后，表示说话人将来要做某件事，或是表示将要做某件事的意志。另外表示约定时也使用。

Ⓣ 「-을게요/ㄹ게요」接在動詞後，表示說話人將來要做某件事，或是表示將要做某件事的意志。另外也使用在約定時。

받침 ㅇ + 을게요	예) 먹**을게요**
받침 ×, ㄹ + ㄹ게요	예) 갈**게요**, 만들**게요**

유의

◆ **말하는 사람의 의지나 약속을 나타내므로 주어는 항상 1인칭만 사용해요.**

Ⓔ -을게요/ㄹ게요 indicates the speaker's determination or promise, so it only uses the first person as the subject.

Ⓙ 話し手の意思や約束を表すもので、主語には常に一人称が使われます。

Ⓒ 因为是用来表示说话人的意志或约定，所以主语通常只使用第一人称。

Ⓣ 因為是用來表示說話人的意志或約定，所以主語通常只使用第一人稱。

- **제**가 밥을 **살게요.** (○)
- 네가 밥을 살게요. (×)
- 샤오동이 밥을 살게요. (×)

◆ **의문문에는 사용할 수 없으며, 평서문에만 사용해요.**

Ⓔ -을게요/ㄹ게요 cannot be used in interrogative sentences and is only used in declarative sentences.

Ⓙ 疑問文には使用することができず、平叙文でのみ使われます。

Ⓒ 不可用于疑问句，只使用于叙述句。

Ⓣ 不可用在疑問句，只使用在敘述句。

- 제가 케이크를 **살게요**. (O)
- 제가 케이크를 살게요? (×)

◆ **'알다, 모르다, 좋아하다' 등은 의지나 약속으로 설명할 수 없기 때문에 '-을게요/ㄹ게요'와 결합하지 않아요.**

Ⓔ Verbs such as 알다, 모르다, 좋아하다 cannot be described through determination or promise, so they are not combined with -을게요/ㄹ게요.

Ⓙ 「알다、모르다、좋아하다」などは意思や約束を表す動詞ではないため「-을게요/ㄹ게요」とともには使うことはできません。

Ⓒ 因为"알다、모르다、좋아하다"等无法说明意志或约定，所以不和"-을게요/ㄹ게요"结合使用。

Ⓣ 因為「알다、모르다、좋아하다」等無法說明意志或約定，所以不和「-을게요/ㄹ게요」結合使用。

- 제가 영어를 알게요. (×)
- 저는 드라마를 좋아할게요. (×)

3. V-는 것

의미

▶ **'-는 것'은 동사에 붙어 문장에서 명사로 기능하게 하여 주어, 목적어 등으로 사용할 수 있게 해요.**

Ⓔ -는 것 is attached to a verb to make a sentence function as a noun so that it can be used as a subject or object, etc.

Ⓙ 「-는 것」は動詞に付いて、その動詞を文章の名詞として機能させ、主語や目的語などとして使用することを可能にします。

Ⓒ "-는 것"接在动词后，在句子中可以用作名词充当主语、宾语使用。

Ⓣ 「-는 것」接在動詞後，在句子中可以作為名詞來充當主語、賓語使用。

받침 O + 는 것	예) 먹**는 것**
받침 ×, ㄹ + 는 것	예) 가**는 것**, 만드**는 것**

유의

◆ **부정형은 '-지 않는 것', '안 -는 것'으로 써요. '안 -는 것'은 주로 구어에서 써요.**

Ⓔ The negative forms of -는 것 are -지 않는 것 and 안 -는 것. 안 -는 것 is used in spoken language.

Ⓙ 否定表現は「-지 않는 것」、「안 -는 것」で、「안 -는 것」は主に話し言葉で使われます。

㊥ 否定型为“-지 않는 것”、“안 -는 것”。“안 -는 것”主要用于口语。

㊥ 否定型為「-지 않는 것」、「안 -는 것」。「안 -는 것」主要用於口語。

- 제가 좋아하**지 않는 것**은 운동이에요.
  제가 **안** 좋아하**는 것**은 운동이에요.

◆ **구어에서 '-는 것이'는 '-는 게', '-는 것은'은 '-는 건', '-는 것을'은 '-는 걸'로 줄여서 말하기도 해요.**

Ⓔ In spoken language, -는 것이 is often shortened to -는 게, -는 것은 to -는 건, and -는 것을 to -는 걸.

Ⓙ 話し言葉で、「-는 것이」は「-는 게」、「-는 것은」は「-는 건」、「-는 것을」は「-는 걸」のように縮約して言ったりします。

㊥ 在口语中，“-는 것이”可缩略为“-는 게”，“-는 것은”可缩略为“-는 건”，“-는 것을”可缩略为“-는 걸”。

㊥ 在口語中，「-는 것이」可略縮為「-는 게」，「-는 것은」可略縮為「-는 건」，「-는 것을」可略縮為「-는 걸」。

- 타나펀은 웃**는 것이** 예뻐요.
  = 타나펀은 웃**는 게** 예뻐요.

- 저는 운동하**는 것은** 안 좋아해요.
  = 저는 운동하**는 건** 안 좋아해요.

- 저는 요리하**는 것을** 좋아해요.
  = 저는 요리하**는 걸** 좋아해요.

4. V-아 보다/어 보다 (시도)

의미

▶ **'-아 보다/어 보다'는 동사에 붙어 과거에 경험하지 않은 어떤 행위를 시도함을 나타낼 때 사용해요. 형용사나 동사 어간의 끝음절 모음이 'ㅏ, ㅗ'인 경우에는 '-아 보다'를 사용하고 형용사나 동사 어간의 끝음절 모음이 'ㅏ, ㅗ'가 아닌 경우에는 '-어 보다'를 사용해요.**

Ⓔ -아 보다/어 보다 is attached to a verb to indicate an attempt to perform an action that has not been experienced in the past. -아 보다 is used when the last vowel of the adjective or verb stem is ㅏ or ㅗ, while -어 보다 is used with all the other vowels.

Ⓙ 「-아 보다/어 보다」は動詞に付いて、過去に経験したことがない行為を試してみることを表します。動詞の語幹の最後の音節に母音「ㅏ、ㅗ」がある場合は「-아 보다」、母音が「ㅏ、ㅗ」以外の場合は「-어 보다」を使います。

㊥ “-아 보다/어 보다”接在动词后，对过去没有经历过的某种行为进行尝试时使用。当形容词或动词词干的最后一个音节母音为“ㅏ、ㅗ”时，使用“-아 보다”；最后一个音节母音不是“ㅏ、ㅗ”时，使用“-어 보다”。

㊥ 「-아 보다/어 보다」接在動詞後，對過去沒有經歷過的某種行為進行嘗試。當形容詞或動詞詞幹的最後一個音節母音為「ㅏ、ㅗ」時，使用「-아 보다」；最後一個音節母音不是「ㅏ、ㅗ」時，使用「-어 보다」。

'ㅏ, ㅗ' 모음 + 아 보다 예) 찾**아 보다**
'ㅏ, ㅗ' 외의 모음 + 어 보다 예) 읽**어 보다**

유의

◆ **'하다'가 붙은 동사는 '해 보다'를 써요.**

Ⓔ For verbs that end in 하다, 해 보다 is used.

Ⓙ 「하다」が付いた動詞は「해 보다」と表します。

Ⓒ 以"하다"结尾的动词，写成"해 보다"。

㊥ 以「하다」結尾的動詞，寫成「해 보다」。

- 지금 전화**해 보**세요.
- 저도 그 요리를 **해 보**고 싶어요.

◆ **주로 '한번 V-아 보세요/어 보세요' 또는 '한번 V-아 보고 싶다/어 보고 싶다'의 구성으로 사용해요.**

Ⓔ -아 보다/어 보다 is usually used in the construction of 한번 V-아 보세요/어 보세요 or 한번 V-아 보고 싶다/어 보고 싶다.

Ⓙ 主に「한번 V-아 보세요/어 보세요」または「한번 V-아 보고 싶다/어 보고 싶다」という構成で使われます。

Ⓒ 主要使用"한번 V-아 보세요/어 보세요"或"한번 V-아 보고 싶다/어 보고 싶다"的句型。

㊥ 主要使用「한번 V-아 보세요/어 보세요」或「한번 V-아 보고 싶다/어 보고 싶다」的句型。

- 이 옷을 **한번** 입**어 보세요**.
  저도 제주도에 **한번** 가 **보고 싶어요**.

◆ **동사 '보다'는 '-아 보다/어 보다'와 같이 사용할 수 없어요.**

Ⓔ The verb 보다 cannot be used with -아 보다/어 보다.

Ⓙ 動詞「보다」は「-아 보다/어 보다」とともに使うことはできません。

Ⓒ 动词"보다"不可以和"-아 보다/어 보다"一起使用。

㊥ 動詞「보다」不可以和「-아 보다/어 보다」一起使用。

- 이 책을 봐 보세요. (×)
- 한국 영화를 봐 보고 싶어요. (×)

5. V-겠-

의미

▶ **'-겠-'은 동사에 붙어 앞으로 일어날 미래에 대한 의지를 드러낼 때 사용해요.**

Ⓔ -겠- is attached to a verb to indicate one's determination for future events.

Ⓙ 「-겠-」は動詞に付いて、これから起こる未来についての意思を表すときに使います。

Ⓒ "-겠-"接在动词后表示对将来要发生事的意志时使用。

Ⓣ 「-겠-」接在動詞後，對將來即將進行的事情表示意志。

받침 ○ + 겠　　예) 먹**겠**다
받침 × + 겠　　예) 가**겠**다

유의

◆ **말하는 사람의 의지를 나타내므로 주어는 항상 1인칭만 사용해요.**

Ⓔ -겠- indicates the speaker's determination, so it only uses the first person as the subject.

Ⓙ 話し手の意思を表し、主語には常に一人称が使われます。

Ⓒ 因为是表示说话人的意志，所以主语只使用第一人称。

Ⓣ 因為是表示說話人的意志，所以主語只使用第一人稱。

- (**제**가) 내일 학교에 일찍 오**겠습니다**. (○)
- 올가가 내일 학교에 일찍 오겠습니다. (×)

◆ **'-겠-'과 '-을게요/ㄹ게요'는 모두 말하는 사람의 의지를 나타내요. 그런데 '-겠-'은 격식적인 상황에서나 윗사람에게 말할 때 주로 사용해요.**

Ⓔ Both -겠- and -을게요/ㄹ게요 indicate the speaker's determination. However, -겠- is usually used in formal situations or when talking to someone that is older or of higher status.

Ⓙ 「-겠-」と「-을게요/ㄹ게요」はどちらも話し手の意思を表しますが、「-겠-」は、主に礼儀や格式が重んじられる場面や目上の人に話すときに使われます。

Ⓒ "-겠-"和"-을게요/ㄹ게요"都是表示说话人的意志，但"-겠-"主要在正式场合或对上位者说话时使用。

Ⓣ 「-겠-」和「-을게요/ㄹ게요」都是表示說話人的意志，但「-겠-」主要在正式場合或對上位者說話時使用。

- 레아 씨, 제가 빵을 살**게요**.
- 선생님, 이번 학기에 열심히 공부하**겠습니다**.

2 단원 일상생활

1. A/V-으시/시-

의미

▶ **'-으시/시-'는 형용사, 동사, '이다'에 붙어 문장 안에 등장하는 주어를 높여서 주어의 상태나 행위를 존대함을 나타낼 때 사용해요.**

Ⓔ -으시/시-는 is attached to an adjective, a verb, and 이다 to show respect to the subject and its state or behavior.

Ⓙ 「-으시/시-」は形容詞、動詞、「이다」に付いて、文に登場する主語を高め、主語の状態や行為に対する敬意を表すときに使います。

Ⓒ "-으시/시-"接在形容词、动词、"이다"后，提高句子中主语位置，表示主语的状态是受尊敬时使用。

㊥ 「-으시/시-」接在形容詞、動詞、「이다」後，提高句子中主語的地位，用於表示尊敬主語的狀態或行動。

받침 ○ + 으시　　예) 읽**으시**다
받침 ×, ㄹ + 시　　예) 가**시**다, 만드**시**다

유의

◆ **높임을 나타낼 때 어휘의 형태가 완전히 바뀌는 경우도 있어요.**

Ⓔ In some cases, the form of the word changes completely when made honorific.

Ⓙ 尊敬表現にしたとき、語彙の形が完全に変わる場合もあります。

Ⓒ 在表示尊敬时，也有一些词汇完全改变成另一个型态的情况。

㊥ 在表示尊敬時，也有一些詞彙完全改變成另一個型態的情況。

기본형	높임 표현	예
먹다	드시다/잡수시다	아버지께서 아침을 **드세요**./**잡수세요**.
자다	주무시다	어머니께서 지금 **주무세요**.
죽다	돌아가시다	할아버지께서 작년에 **돌아가셨어요**.
말하다	말씀하시다	할머니께서 저에게 **말씀하셨어요**.

◆ **'주다'의 높임 표현은 '주시다'와 '드리다' 두 가지 형태가 있어요. 주는 주체를 높이는 경우 '주시다'를 사용하고, 받는 대상을 높이는 경우에는 '드리다'를 사용해요.**

Ⓔ The honorific forms of 주다 are 주시다 and 드리다. 주시다 is used to elevate the giver, whereas 드리다 is used to elevate the receiver.

Ⓙ 「주다」の尊敬語は「주시다」と「드리다」の2つの形があります。 与える主体を高める場合は「주시다」を使い、受ける対象を高める場合は「드리다」を使います。

Ⓒ "주다"的敬语表达方式有"주시다"和"드리다"两种型态。施予对象的地位高时，使用"주시다"；接受对象的地位高时，使用"드리다"。

Ⓣ 「주다」的敬語表現有「주시다」和「드리다」兩種型態。提高施予對象的地位時，使用「주시다」；提高接受對象的地位時，使用「드리다」。

- 아버지께서 저에게 선물을 **주셨어요**.
- 제가 할머니께 꽃을 **드렸어요**.

◆ **'있다'의 높임 표현은 '계시다'와 '있으시다' 두 가지 형태가 있어요. '계시다'는 주로 '사람이 어느 장소에 머물다'는 의미의 높임말로 쓰이고 '있으시다'는 주로 '물건을 소유하거나 시간이 있다'는 의미의 높임말로 쓰여요.**

Ⓔ The honorific forms of 있다 are 계시다 and 있으시다. 계시다 is usually used as the honorific form indicating someone's presence at a certain location, whereas 있으시다 is usually used as the honorific form indicating the possession of an object or having time.

Ⓙ 「있다」の尊敬語には「계시다」と「있으시다」の2つの形があります。「계시다」は主に「人がある場所に留まる」という意味の尊敬語として使われ、「있으시다」は主に「物を所有していたり時間がある」という意味の尊敬語として使われます。

Ⓒ "있다"的敬语表达方式有"계시다"和"있으시다"两种型态。"계시다"主要指"人在某个场所停留"的敬语表达；"있으시다"主要指"持有物品或有时间"的敬语表达。

Ⓣ 「있다」的敬語表現有「계시다」和「있으시다」兩種型態。「계시다」主要指「人在某個場所停留」的敬語表現；「있으시다」主要指「持有物品或有時間」的敬語表現。

- 할머니께서 방에 **계세요**.
- 아버지께서는 오후에 시간이 **있으세요**.

◆ **높임의 대상이 되는 인물과 관계된 신체의 일부나 높임을 받는 대상과 관계있는 소유물에도 '-으시/시-'를 쓸 수 있어요.**

Ⓔ -으시/시- can also be used for the body parts of or the possession related to the subject of the honorific expression.

Ⓙ 尊敬の対象となる人の身体の一部や尊敬される対象と関係のある所有物にも「-으시/시-」を使うことができます。

Ⓒ 与敬语对象有关联的身体部位或相关的所有物也可以使用"-으시/시-"。

㊥ 與敬語對象有關聯的身體部位或相關的所有物也可以使用「-으시/시-」。

- **어머니께서는 눈이 예쁘세요.**
- **선생님은 책이 많으세요.**

2. V-아 주다/어 주다

의미

▶ **'-아 주다/어 주다'는 동사에 붙어 다른 사람을 위해 어떤 행위를 함을 나타낸다. 남에게 도움을 제안하거나 약속할 때 또는 도움을 요청할 때 주로 사용해요.**

Ⓔ -아 주다/어 주다 is attached to a verb to indicate an action done for someone. It is mainly used to offer or promise help to others or to ask for help.

Ⓙ 「-아 주다/어 주다」は動詞に付いて、他の人のためにある行為をすることを表します。主に誰かに対して手助けすることを提案したり約束したりするときや助けを求めるときに使います。

Ⓒ "-아 주다/어 주다"接在动词后，表示为别人做某种行为。主要用在提议、约定给别人帮助时或是请求帮助时使用。

㊥ 「-아 주다/어 주다」接在動詞後，表示為別人做某種行為。主要用在提議或約定要幫助別人、或是請求幫助時。

'ㅏ, ㅗ' + 아 주다	예) 찾**아 주다**
'ㅏ, ㅗ' 외의 모음 + 어 주다	예) 읽**어 주다**

유의

◆ **'하다'는 '해 주다'를 사용해요.**

Ⓔ For verbs that end in 하다, 해 주다 is used.

Ⓙ 「하다」が付いた動詞は「해 주다」と表します。

Ⓒ "하다"写成"해 주다"。

㊥ 「하다」寫成「해 주다」。

- 내일 다시 전화**해 주**세요.
- 제가 예매**해 줄**게요.

◆ **윗사람이 도움을 줄 때는 '-아 주시다/어 주시다'를 써요. 윗사람을 위해 어떤 행위를 할 때는 '-아 주다/어 주다' 대신 '-아 드리다/어 드리다'를 써요.**

Ⓔ When someone that is older or of higher status provides help, -아 주시다/어 주시다 is used. When doing something for someone that is older or of higher status, -아 드리다/어 드리다 is used instead of -아 주다/어 주다.

Ⓙ 目上の人が助けてくれるときは「-아 주시다/어 주시다」を使います。目上の人のためにある行為をするときは「-아 주다/어 주다」の代わりに「-아 드리다/어 드리다」を使います。

Ⓒ 当上位者给予帮助时，使用"-아 주시다/어 주시다"。当为了上位者做某个行动时，使用"-아 드리다/어 드리다"替代"-아 주다/어 주다"。

Ⓣ 當上位者提供幫助時，使用「-아 주시다/어 주시다」。當為了上位者做某個行動時，使用「-아 드리다/어 드리다」取代「-아 주다/어 주다」。

- 아버지께서 제 지갑을 찾**아 주셨어요**.
- 제가 아버지 지갑을 찾**아 드렸어요**.

◆ **도움을 제공할 때와 요청할 때는 아래와 같이 사용해요.**

Ⓔ The following expressions are used when providing and requesting help.

Ⓙ 助けを求めるとき、手助けすることを提案するときは以下のように表します。

Ⓒ 提供帮助和请求帮助时，使用方式如下：

Ⓣ 提供幫助和請求幫助時，使用方式如下：

도움을 제공할 때	도움을 요청할 때
-아 줄게요/어 줄게요 (-아 드릴게요/어 드릴게요)	-아 주시겠어요?/어 주시겠어요? -아 주세요/어 주세요

- A 가방 좀 들**어 주시겠어요**?
  B 네. 들**어 드릴게요**. 가방 주세요.

◆ **'-아 주세요/어 주세요'는 완곡한 명령의 의미를 나타내기도 해요.**

Ⓔ -아 주세요/어 주세요 can also express a mild command.

Ⓙ 「-아 주세요/어 주세요」は婉曲的に命令の意味を表すこともあります。

Ⓒ "-아 주세요/어 주세요"也可以表示委婉地命令。

Ⓣ 「-아 주세요/어 주세요」也可以表示委婉地命令。

- 여기로 와 **주세요**.
- 오른쪽으로 가 **주세요**.

◆ **'-아 주다/어 주다'가 '돕다', '빌리다'와 결합할 때는 '도와주다', '빌려주다'처럼 한 단어로 붙여 써요.**

Ⓔ When -아 주다/어 주다 is combined with 돕다 and 빌리다, it is written as one word as in 도와주다 and 빌려주다.

Ⓙ 「-아 주다/어 주다」が「돕다」、「빌리다」と結び付くと「도와주다」、「빌려주다」のように2つの語を付けて表します。

Ⓒ 当"-아 주다/어 주다"和"돕다"、"빌리다"结合时，合并在一起书写成为一个单词"도와주다"、"빌려주다"。

㊥ 當「-아 주다/어 주다」和「돕다」、「빌리다」結合時，合併在一起書寫成為一個單詞「도와주다」、「빌려주다」。

- 숙제가 너무 어려워요. 좀 **도와주세요**.
- 친구에게 지우개를 **빌려주었어요**.

◆ **동사 '주다'는 '-아 주다/어 주다'와 같이 사용할 수 없어요.**

Ⓔ The verb 주다 cannot be used with -아 주다/어 주다.

Ⓙ 動詞「주다」は「-아 주다/어 주다」とともに使うことはできません。

Ⓒ 动词"주다"和"-아 주다/어 주다"不可以一起使用。

㊥ 動詞「주다」和「-아 주다/어 주다」不可以一起使用。

- 여자 친구에게 선물을 줬어요. (○)
  여자 친구에게 선물을 줘 줬어요. (×)

3. V-게 되다

의미

▶ **'-게 되다'는 동사에 붙어 어떤 상황이 외부의 영향을 받아 어떠한 결과에 이르거나 상황이나 상태가 변화함을 나타내요.**

Ⓔ -게 되다 is attached to a verb to indicate a situation where external influences lead to a certain result, or where a situation or state undergoes a change.

Ⓙ 「-게 되다」は動詞に付いて、ある状況が外部の影響を受けてある結果を引き起こしたり、状況や状態が変化したりすることを表します。

Ⓒ "-게 되다"接在动词后，某种情况受到外部的影响，表示得到某种结果或是情况、状态的变化。

㊥ 「-게 되다」接在動詞後，表示某種情況受到外部的影響，因而得到某種結果或是情況、狀態的變化。

받침 ○ + 게 되다　　　예) 먹**게 되다**

받침 ×, ㄹ + 게 되다　　예) 가**게 되다**, 만들**게 되다**

유의

◆ **'상황의 결과'를 의미하므로 현재 시점에서 볼 때 완료된 상황이 되는 것이 자연스러워요. 그래서 주로 '-게 되었다'의 형태로 사용해요.**

Ⓔ -게 되다 indicates the 'result of a situation', so it is natural for the situation to be complete as of the present moment. Therefore, it is usually used in the form of -게 되었다.

Ⓙ 「-게 되다」は「状況の結果」を意味するため、現時点で見たとき完了した状況になっているのが自然です。 そのため使用するときは普通「-게 되었다」の形にします。

Ⓒ 因为具有"某个情况的结果"的含义，所以在以现在的视角去看时，使用过去式较为自然，因此主要以"-게 되었다"的句型来使用。

Ⓣ 因為具有「某個情況的結果」的含義，所以在以現在的視角去看時，使用過去式較為自然，因此主要以「-게 되었다」的句型來使用。

- A 어떻게 한국어를 배우**게 되었어요**?
  B 남자 친구가 한국 사람이라서 한국어를 배우**게 되었어요**.

◆ **'-게 되다'는 외부적 상황 때문에 발생한 결과를 나타내므로 원인을 함께 제시하는 게 좋아요.**

Ⓔ -게 되다 indicates the result that has occurred due to external circumstances, so the cause should also be mentioned.

Ⓙ 「-게 되다」は外的な要因により発生した結果を表すため、その要因とともに提示するとよいでしょう。

Ⓒ "-게 되다"是指因外部情况影响所导致的结果，所以最好能将原因同时呈现。

Ⓣ 「-게 되다」是指因外部情況影響所導致的結果，所以最好能將原因同時呈現。

- 손님이 없**어서** 문을 닫**게 됐어요**.
- 친구가 영화표를 줘**서** 영화를 보**게 됐어요**.

◆ **'반갑다, 미안하다, 죄송하다' 등과 함께 관용적인 인사말에 쓰이기도 해요.**

Ⓔ -게 되다 is also used in idiomatic greetings like 반갑다, 미안하다, 죄송하다.

Ⓙ 「반갑다、미안하다、죄송하다」などとともに慣用的な挨拶言葉として使われたりします。

Ⓒ 常和"반갑다"、"미안하다"、"죄송하다"等放在一起，作为惯用的问候句或表示客气的客套话来使用。

Ⓣ 常和「반갑다」、「미안하다」、「죄송하다」等放在一起，作為慣用的問候句或表示客氣的客套話來使用。

- 만나**게 돼서** 정말 **반가워요**.
- 밤에 연락을 드리**게 돼서 죄송합니다**.

4. N께서, N께서는, N께

의미

▶ **'께서'는 '이/가', '께서는'은 '은/는', '께'는 '에게'의 높임말이에요.**

Ⓔ 께서 is the honorific form of 이/가, 께서는 is the honorific form of 은/는, and 께 is the honorific form of 에게.

Ⓙ 「께서」は「이/가」、「께서는」は「은/는」、「께」は「에게」の尊敬表現です。

Ⓒ "께서"是"이/가"、"께서는"是"은/는"、"께"是"에게"的敬语。

Ⓣ 「께서」是「이/가」、「께서는」是「은/는」、「께」是「에게」的敬語。

받침 ○ + 께서, 께서는, 께　　예) 선생님**께서**, 선생님**께서는**, 선생님**께**
받침 × + 께서, 께서는, 께　　예) 아버지**께서**, 아버지**께서는**, 아버지**께**

유의

◆ **'께서'는 '도'나 '만'과 같은 일부 조사와 함께 쓸 수 있어요. 그리고 서술어에는 반드시 '-으시/시-'를 사용해야 해요.**

Ⓔ 께서 can be used with certain particles like 도 or 만. -으시/시- must be used in the predicate.

Ⓙ 「께서」は「도」や「만」のような一部の助詞とともに使うことができます。また、述語には必ず「-으시/시-」を使わなければなりません。

Ⓒ "께서"可以与"도"、"만"等部分助词 一起使用，而且谓语一定要使用"-으시/시-"。

Ⓣ 「께서」與「도」、「만」等一部份助詞可以一起使用，而且謂語一定要使用「-으시/시-」。

- 어머니**께서도** 과일을 사셨어요.
- 어머니**께서만** 과일을 사셨어요.

5. 르 불규칙

의미

▶ **'르'로 끝나는 일부 형용사나 동사 어간 뒤에 어미 '-아/어'가 결합하면 'ㅡ'가 탈락하고 'ㄹ'이 붙어요.**

Ⓔ When a verb or adjective stem ends with 르 and combines with the ending -아/어, the ㅡ is dropped, and ㄹ is added.

㊐ 「르」で終わる一部の形容詞や動詞の語幹の後ろに語尾「-아/어」が接続する場合、「ㅡ」が脱落して「ㄹ」が付きます。

㊥ 以"르"结尾的一部分形容词或动词与词干后面的语尾"-아/어"相结合,"ㅡ"脱落后与"ㄹ"连接。

㊥ 以「르」結尾的一部分形容詞或動詞,與詞幹後面的語尾「-아/어」相結合時,「ㅡ」脫落並且與「ㄹ」連接。

다르다 + 아요　　예) **달라**요
부르다 + 어서　　예) **불러**서

3 단원 주거 환경

1. A-은/ㄴ

의미

▶ **'-은/ㄴ'은 형용사에 붙어 뒤에 오는 명사를 수식하고 명사의 특징이나 상태를 나타낼 때 사용해요. '있다, 없다'는 '-는'을 써요.**

Ⓔ -은/ㄴ is attached to an adjective and modifies a following noun to indicate its present state or characteristics. For 있다, 없다, -는 is used.

㊐ 「-은/ㄴ」は形容詞に付いて、後ろに来る名詞を修飾し、名詞の特徴や状態を表すときに使います。「있다、없다」の場合は「-는」を使います。

㊥ "-은/ㄴ"接在形容词后修饰后面的名词,表示名词的特点或状态时使用。"있다、없다"后使用"-는"。

㊥ 「-은/ㄴ」接在形容詞後,用來修飾後面的名詞,表示該名詞的特點或狀態。接在「있다、없다」後面時使用「-는」。

받침 ㅇ + 은　　　예) 작**은**
받침 ×, ㄹ + ㄴ　　예) 예쁜, 힘든

유의

◆ **'재미있다', '재미없다', '맛있다', '맛없다' 등과 같은 '있다, 없다'로 끝나는 형용사는 '-는'을 붙여 사용해요.**

Ⓔ -는 is attached to the adjectives that end in 있다 or 없다 such as 재미있다, 재미없다, 맛있다, 맛없다.

Ⓙ 「재미있다」、「재미없다」、「맛있다」、「맛없다」のように「있다、없다」で終わる形容詞には「-는」を付けます。

Ⓒ "재미있다"、"재미없다"、"맛있다"、"맛없다"等以"있다"、"없다"结尾的形容词，后接"-는"使用。

㊥ 「재미있다」、「재미없다」、「맛있다」、「맛없다」等以「있다」、「없다」結尾的形容詞，連接「-는」使用。

- **재미없는** 영화를 보고 싶지 않아요.
- 친구가 **맛있는** 케이크를 만들어 줬어요.

◆ **두 가지 이상의 형용사를 이용하여 상태를 설명하고 싶을 때는 '-고'를 사용하여 연결한 후에 가장 뒤의 형용사에 '-은'을 써요.**

Ⓔ When describing a state using two or more adjectives, the two adjectives are connected with -고, and -은 is attached to the last adjective.

Ⓙ 2つ以上の形容詞を使って状態を説明するときは「-고」を使って接続した後、後ろの形容詞に「-은」を付けます。

Ⓒ 想要运用两个以上的形容词说明型态时，使用"-고"连接，然后在最后面的形容词接上"-은"。

㊥ 想要運用兩個以上的形容詞說明型態時，使用「-고」連接，然後在最後面的形容詞使用「-은」。

- 타나펀은 **싸고 예쁜** 가방을 샀어요. (○)
- 타나펀은 싼 예쁜 가방을 샀어요. (×)

2. N보다

의미

▶ **'보다'는 명사에 붙어 앞의 말이 비교의 기준이 되는 대상임을 나타낼 때 사용해요.**

Ⓔ 보다 is attached to a noun to indicate that the noun serves as the basis for comparison.

Ⓙ 「보다」は名詞に付いて、前の言葉が比較の基準になる対象であることを表すときに使います。

Ⓒ "보다"接在名词后，表示以前面话语为比较标准的对象时使用。

㊥ 「보다」接在名詞後，表示以前面說的話作為比較的基準對象。

받침 ○ + 보다　　예) 여름**보다**

받침 × + 보다　　예) 고기**보다**

유의

◆ **'어떤 기준보다 정도가 심하게 또는 그 이상으로'의 의미를 가진 '더, 더욱, 훨씬' 등과 같이 사용할 수 있어요.**

Ⓔ 보다 can be used with expressions like 더, 더욱, 훨씬, which mean 'exceeding a certain standard to a great degree or more'.

Ⓙ ある基準よりも程度がひどい、あるいは、それ以上に」という意味を持つ「더、더욱、훨씬」などとともに使うことができます。

Ⓒ 带有"比某个标准的程度更严重或更甚其实"的意义时，可和"더、더욱、훨씬"等一起使用。

㊥ 帶有「比某個基準點的程度更嚴重或更甚其實」的意義時，可和「더、더욱、훨씬」等一起使用。

- 여름이 봄**보다 더** 좋아요.
- 여름이 봄**보다 더욱** 좋아요.
- 여름이 봄**보다 훨씬** 좋아요.

◆ **다른 조사와 결합해서 쓰기도 해요.**

Ⓔ 보다 can also be combined with other particles.

Ⓙ 他の助詞と組み合わせて使われたりします。

Ⓒ 可以和其他助词一起合并使用。

㊥ 可以和其他助詞一起合併使用。

- 콜라**보다는** 주스가 좋아요.
- 카페**에서보다** 집에서 커피를 마시고 싶어요.

3. A/V-을 때/ㄹ 때

의미

▶ **'-을 때/ㄹ 때'는 형용사와 동사에 붙어 어떤 행동이나 상황이 일어나는 순간이나 지속되는 동안을 나타낼 때 사용해요.**

Ⓔ -을 때/ㄹ 때 is attached to an adjective or a verb to indicate the moment or duration of an action or situation.

㊐ 「-을 때/ㄹ 때」は形容詞や動詞に付いて、ある行動や状況が起こる瞬間や続いている時間を表すときに使います。

㊥ "-을 때/ㄹ 때"接在形容词和动词后，表示某种行动和情况发生的瞬间或是持续的期间时使用。

㊥ 「-을 때/ㄹ 때」接在形容詞和動詞後，用於表示某種行動和情況發生的瞬間或是持續的期間時。

받침 ㅇ + 을 때　　예) 있**을 때**
받침 ×, ㄹ + ㄹ 때　　예) 마실 **때**, 만들 **때**

유의

◆ **명사는 'N 때'로 써요. 시간을 나타내는 명사와 함께 사용할 수 있어요.**

Ⓔ 때 is used with time-indicating nouns in the form of N 때.

㊐ 名詞の場合は「N 때」と表し、時間を表す名詞とともに使われます。

㊥ 与名词连接时写成"N 때"。可以和表示时间的名词一起使用。

㊥ 與名詞連接時寫成「N 때」。可以和表示時間的名詞一起使用。

- 식사 **때** 큰 소리로 말하지 마세요.
- 방학 **때** 아르바이트를 했어요.

◆ **'-을 때/ㄹ 때'는 다른 조사와 함께 쓸 수 있어요.**

Ⓔ -을 때/ㄹ 때 can be combined with other particles.

㊐ 「-을 때/ㄹ 때」は他の助詞とともに使うことができます。

㊥ "-을 때/ㄹ 때"可以和其他助词一起使用。

㊥ 「-을 때/ㄹ 때」可以和其他助詞一起使用。

- 부모님을 생각할 **때가** 많아요.
- 돈이 없**을 때도** 쇼핑을 하고 싶어요.

◆ **시간을 나타내는 명사 중에서 '주말', '요일', '주', '오전', '오후', '시' 등의 명사와는 함께 사용할 수 없어요. 이들 명사는 시간을 나타내는 부사격 조사 '에'와 함께 사용돼요.**

Ⓔ -을 때/ㄹ 때 cannot be used with time-indicating nouns like 주말, 요일, 주, 오전, 오후, and 시. These nouns are used with the time-indicating adverbial particle 에.

㊐ 時間を表す名詞の中で「주말」、「요일」、「주」、「오전」、「오후」、「시」などの名詞とともに使うことはできません。これらの名詞は時間を表す副詞格助詞「에」とともに使われます。

㊥ 不可以与表示时间的名词"주말"、"요일"、"주"、"오전"、"오후"、"시"等一起使用，这类时间名词须和表示时

间的副词格助词"에"一起使用。

㊥ 不可以與表示時間的名詞「주말」、「요일」、「주」、「오전」、「오후」、「시」等一起使用，這類時間名詞須和表示時間的副詞格助詞「에」一起使用。

- **주말에** 영화를 봤어요. (○)
  주말 때 영화를 봤어요. (×)

4. N마다

의미

▶ **'마다'는 명사에 붙어 각 상황이 반복됨을 나타내거나 하나도 빠짐없이 모두 비슷한 상황에 있음을 나타낼 때 사용돼요.**

Ⓔ 마다 is attached to a noun to indicate that each situation is repeated or that all situations are similar without exception.

Ⓙ 「마다」は名詞に付いて、それぞれの状況が繰り返されることを表したり、1つ残らずすべて同じような状況にあることを表したりするときに使います。

Ⓒ "마다"接在名词后，表示每个情况反复出现或是一个都不落的所有相同情况出现时使用。

㊥ 「마다」接在名詞後，表示同一個情況反覆出現，或是一個都不落、每一個都有相同情況時使用。

받침 ○ + 마다　　예) 주말**마다**
받침 × + 마다　　예) 학교**마다**

유의

◆ **'날마다'는 '매일', '주마다'는 '매주', '달마다'는 '매달'로 바꿔 쓸 수 있어요. 그렇지만 '매'와 '마다'를 함께 사용할 수는 없어요.**

Ⓔ 날마다 can be replaced with 매일, 주마다 with 매주, and 달마다 with 매달. However, 매 and 마다 cannot be used together.

Ⓙ 「날마다」は「매일」、「주마다」は「매주」、「달마다」は「매달」に変えて使うことができます。 しかし、「매」と「마다」を一緒に使うことはできません。

Ⓒ "날마다"和"매일"、"주마다"和"매주"、"달마다"和"매달"可替换使用，但是"매"和"마다"不可以一起使用。

㊥ 「날마다」和「매일」、「주마다」和「매주」、「달마다」和「매달」可替換使用，但是「매」和「마다」不可以一起使用。

- 동생은 **날마다** 텔레비전을 봐요. (○) = 동생은 **매일** 텔레비전을 봐요. (○)
  동생은 매일마다 텔레비전을 봐요. (×)

4 단원 외모와 성격

1. V-는

의미

▶ **'-는'은 동사에 붙어 명사를 수식하게 하며 그 사건이나 행위가 현재 일어나고 있음을 나타낼 때 사용해요.**

Ⓔ -는 is attached to a verb and modifies the following noun to indicate ongoing actions or events in the present.

Ⓙ 「-는」は動詞に付いて、名詞を修飾し、その出来事や行為が現在起こっていることを表すときに使います。

㊥ "-는"接在动词后修饰名词，表示某种事件或行为现在发生时使用。

㊥ 「-는」接在動詞後，修飾後方的名詞，用於表示某種事件或行為在現在發生。

받침 ㅇ + 는　　예) 먹**는**
받침 ×, ㄹ + 는　　예) 가**는**, 만드**는**

유의

◆ **부정형은 '-지 않는', '안 V-는', '못 V-는'으로 써요.**

Ⓔ The negative form of -는 is -지 않는, 안 V-는, and 못 V-는.

Ⓙ 否定表現は「-지 않는」、「안 V-는」、「못 V-는」と表します。

㊥ 否定型为"-지 않는"、"안 V-는"、"못 V-는"。

㊥ 否定型為「-지 않는」、「안 V-는」、「못 V-는」。

- 이번 방학에 고향으로 가**지 않는** 학생들이 많아요.
- 저는 **못** 먹**는** 음식이 없어요.

◆ **'있다'의 높임말인 '계시다'는 동사로 사용되므로 '-는'을 붙여 사용해요.**

Ⓔ 계시다 is the honorific form of 있다, and because it is a verb, -는 is attached.

Ⓙ 「있다」の尊敬語である「계시다」は動詞であるため「-는」を付けて使います。

㊥ 因为"있다"的敬语型态"계시다"被视为动词，所以后接"-는"使用。

㊥ 因為「있다」的敬語型態「계시다」被視為動詞，所以連接「-는」使用。

- 고향에 **계시는** 할머니가 보고 싶어요.
- 저기에서 식사를 준비하고 **계시는** 분이 저희 어머니세요.

2. V-은/ㄴ

의미

▶ **'-은/ㄴ'은 동사에 붙어 명사를 수식하게 하며 동작이나 행위가 과거에 일어났음을 나타낼 때 사용해요.**

Ⓔ -은/ㄴ is attached to a verb and modifies the following noun to indicate actions or events that occurred in the past.

Ⓙ 「-은/ㄴ」は動詞に付いて、名詞を修飾し、その動作や行為が過去に起きたことを表すときに使います。

Ⓒ "-은/ㄴ"接在动词后修饰名词，表示动作或行为在过去发生时使用。

㊥ 「-은/ㄴ」接在動詞後，修飾後方的名詞，表示動作或行為在過去發生。

받침 ○ + 은　　예) 먹**은**
받침 ×, ㄹ + ㄴ　　예) 간, 만든

유의

◆ **부정형은 '-지 않은', '안 V-은/ㄴ', '못 V-은/ㄴ'으로 써요.**

Ⓔ The negative form of -은/ㄴ is -지 않은, 안 V-은/ㄴ, and 못 V-은/ㄴ.

Ⓙ 否定表現は「지 않은」、「안 V-은/ㄴ」、「못 V-은/ㄴ」と表します。

Ⓒ 否定型为"-지 않은"、"안 V-은/ㄴ"、"못 V-은/ㄴ"。

㊥ 否定型為「-지 않은」、「안 V-은/ㄴ」、「못 V-은/ㄴ」。

- 그건 아직 마시**지 않은** 커피예요.
- 숙제를 **안** 한 사람은 없습니다.

◆ **과거에 일어난 일이라고 하더라도 명사를 수식하는 동사와 명사 뒤에 나오는 행위나 상황이 같은 시간에 이루어진 것일 경우 명사를 수식하는 동사에는 현재형인 '-는'을 사용해요.**

Ⓔ If the verb modifying the noun and the action or situation following the noun happened at the same time, the verb modifying the noun takes the present tense -는 even when referring to events that occurred in the past.

Ⓙ 過去に起こったことでも、名詞を修飾する動詞と名詞の後に表される行為や状況が同じ時間に行われた場合、名詞を修飾する動詞には現在形の「-는」を使います。

Ⓒ 即使是过去发生的事，如果用来修饰名词的动词、以及名词后出现的行为或情况，是在同一时间发生，则这个用来修饰名词的动词，也会使用现在式的"-는"连接。

㊥ 即使是過去發生的事，如果用來修飾名詞的動詞、以及名詞後出現的行為或情況，是在同一時間當下發生，則這個用來修飾名詞的動詞，也會使用現在式的「-는」連接。

- 어제 내가 보**는** 드라마를 언니가 껐어요.
- 오늘 아침에 식사하시**는** 어머니께 말씀 드렸어요.

3. N처럼

의미

▶ **'처럼'은 명사에 붙어 어떤 모양이나 행동을 앞의 명사에 빗대어, 그 앞의 명사와 비슷한 정도이거나 그와 동일함을 나타낼 때 사용해요.**

Ⓔ 처럼 is attached to a noun to indicate that the referred subject shares certain qualities, characteristics, or behaviors with another subject.

㊐ 「처럼」は名詞に付いて、ある様子や行動を前の名詞に例え、前の名詞と似ている、あるいは同じであることを表すときに使います。

㊥ "처럼"接在名词后，将某种模样或是行动比作前面的名词，表示和前面的名词相似的程度或相同时使用。

㊥ 「처럼」接在名詞後，將某種模樣或是行動比作前面的名詞，用於表示和前面的名詞有相似或相同的程度。

- 받침 ㅇ + 처럼　　예) 학생**처럼**
- 받침 × + 처럼　　예) 의사**처럼**

유의

◆ **'누구의 말, 생각' 등에 붙어, 앞의 말이나 생각과 다름이 없음을 나타내기도 해요.**

Ⓔ 처럼 is also attached to expressions like 'someone's words or thoughts' to indicate likeness to the preceding word or thought.

㊐ 「누구의 말、생각」などの単語に付いて、その言葉や考えと同じであることを表したりします。

㊥ 也可接在"某人的话"、"想法"等的后面，表示和某人的话、想法没有差别。

㊥ 也可連接在「某人的話」、「想法」等的後面，表示和某人的話、想法沒有差別。

- 친구의 **말처럼** 시험이 어려웠어요.
- 요리하는 것이 **생각처럼** 쉽지 않아요.

4. V-고 있다

의미

▶ **'-고 있다'는 동사에 붙어 동작이 끝난 후에 그 결과가 현재까지 지속되는 상태임을 나타낼 때 사용해요.**

Ⓔ -고 있다 is attached to a verb to indicate that the result of a completed action continues up to the present.

Ⓙ 「-고 있다」は動詞に付いて、動作が終わったあと、その結果が現在まで続いている状態であることを表します。

Ⓒ "-고 있다"接在动词后，表示动作结束后的那个结果到现在仍在持续的状态。

Ⓣ 「-고 있다」接在動詞後，表示動作結束後的那個結果到現在為止仍一直持續著的狀態。

받침 ○ + 고 있다　　예) 신**고 있다**
받침 × + 고 있다　　예) 메**고 있다**

유의

◆ **'-았/었-'과 같이 사용할 수 있어요.**

Ⓔ -고 있다 can be used with -았/었-.

Ⓙ 「-았/었-」とともに使うことができます。

Ⓒ 可以和"-았/었"一起使用。

Ⓣ 可以和「-았/었」一起使用。

- 제가 리카의 가방을 들**고 있었어요**.
- 샤니가 어제는 보라색 코트를 입**고 있었어요**.

◆ **'입다, 신다' 등의 동사에 붙어 주로 인물을 묘사할 때 사용해요.**

Ⓔ -고 있다 is usually attached to verbs like 입다 and 신다 to describe people.

Ⓙ 「입다、신다」などの動詞に付いて、主に人の姿を描写するときに使います。

Ⓒ 和"입다"、"신다"等动词连接时，主要用来描写人物。

Ⓣ 和「입다」、「신다」等動詞連接時，主要用來描寫人物。

- 다니엘은 모자를 **쓰고 있어요**.
- 부츠를 **신고 있는** 사람은 브루나예요.

5. A-게

의미

▶ **'-게'는 형용사에 붙어 뒤에 나오는 상태나 행동의 정도나 방식을 나타낼 때 사용해요.**

Ⓔ -게 is attached to an adjective to indicate the degree or manner of state or action that follows A-게.

㊐ 「-게」は形容詞に付いて、後ろに来る状態や行動の程度ややり方を表すときに使います。

㊥ "-게"接在形容词后，表示后面出现的状态、动作的程度或方式时使用。

㊥ 「-게」接在形容詞後，用於表示後面狀態、動作的程度或方式。

받침 ㅇ + 게　　예) 작**게**
받침 × +　　　예) 크**게**

유의

◆ **'-었/았-'과 같이 사용할 수 없어요.**

Ⓔ -게 cannot be used with -었/았-.

㊐ 「-었/았-」とともに使うことはできません。

㊥ 不可以和"-았/었-"一起使用。

㊥ 不可以和「-았/었-」一起使用。

- 어제 놀이공원에서 재미있**게** 놀았어요. (ㅇ)
- 어제 놀이공원에서 재미있었게 놀았어요. (×)

5 단원 경험

1. A/V-겠-

의미

▶ **'-겠-'은 형용사, 동사, '이다'에 붙어 다른 사람의 일이나 상황에 대해 추측함을 나타내요. 자신의 의견이나 생각을 근거로 추측할 때 사용해요.**

Ⓔ -겠- is attached to an adjective, a verb, or 이다 to indicate speculation about other people's actions or situations based on one's opinion or reasoning.

Ⓙ 「-겠-」は形容詞、動詞、「이다」に付いて、自身の意見や考えを根拠に他の人のことや状況について推測したことを表すときに使います。

Ⓒ "-겠-"接在形容词、动词、"이다"的后面，表示对别人的事或情况的推测。以自身的意见或想法为依据进行推测时使用。

Ⓣ 「-겠-」接在形容詞、動詞、「이다」的後面，表示對別人的事或情況的推測。用於以自身的意見或想法為依據去進行推測時。

받침 ○ + 겠　　예) 작**겠**다
받침 × + 겠　　예) 가**겠**다

유의

◆ **자신의 의견을 근거로 다른 사람의 일이나 상황에 대해 추측함을 나타내므로 1인칭 주어를 사용하지 않아요.**

Ⓔ -겠- indicates speculation about other people's actions or situations based on the speaker's own opinion, so the first person subject is not used.

Ⓙ 自分の意見や考えを根拠に他の人のことや状況について推測したことを表し、主語には一人称が使われません。

Ⓒ 因为是以自己的意见为根据，去推测别人的事情或情况，所以主语不使用第一人称。

Ⓣ 因為是以自己的意見為根據，去推測別人的事情或情況，所以主語不使用第一人稱。

- 저는 요즘 일이 많아서 힘들겠어요. (×)
- 부장님은 요즘 일이 많아서 힘드시**겠어요**. (○)

◆ **과거에 완료된 일을 추측할 때는 '-았/었-'과 같이 사용할 수 있어요.**

Ⓔ -겠- can be used with -았/었- when speculating events that have been completed in the past.

Ⓙ 過去に完了したことを推測して言うときは「-았/었-」とともに使われます。

Ⓒ 推测过去的事情时，可以和"-았/었-"一起使用。

Ⓣ 推測過去的事情時，可以和「-았/었-」一起使用。

- 오랜만에 가족들을 만나서 반가**웠겠어요**.
- 어제 학교에 축제가 있어서 사람들이 많이 **왔겠어요**.

◆ **일기 예보, 교통 정보, 방송 등에서 곧 어떤 일이 발생할 것임을 추측할 때 사용해요.**

Ⓔ -겠- is used when speculating what will happen soon, especially in weather forecasts, traffic information, and broadcasts.

㊐ 天気予報、交通情報、放送などで、あることが近いうちに発生することを推測して表すときに使います。

㊥ 使用于天气预报、交通路况、广播中等，对即将发生的事进行推测。

㊥ 使用於天氣預報、交通路況、廣播中等，對即將發生的事進行推測。

- 내일은 날씨가 맑**겠습니다**.
- 이 기차는 10분 후에 서울역에 도착하**겠습니다**.

2. V-은 적이 있다/ㄴ 적이 있다

의미

▶ **'-은 적이 있다/ㄴ 적이 있다'는 동사에 붙어 과거에 경험한 일을 말할 때 사용해요.**

Ⓔ -은 적이 있다/ㄴ 적이 있다 is attached to a verb to indicate a past experience.

㊐ 「-은 적이 있다/ㄴ 적이 있다」は動詞に付いて、過去に経験したことを話すときに使います。

㊥ "-은 적이 있다/ㄴ 적이 있다"接在动词后，在说过去经历过的事情时使用。

㊥ 「-은 적이 있다/ㄴ 적이 있다」接在動詞後，用於說過去經歷過的事情時。

받침 ㅇ + 은 적이 있다　　예) 먹**은 적이 있다**
받침 ×, ㄹ + ㄴ 적이 있다　　예) 간 **적이 있다**, 만든 **적이 있다**

유의

◆ **부정형은 '-은 적이 없다/ㄴ 적이 없다'로 써요.**

Ⓔ The negative form of -은 적이 있다/ㄴ 적이 있다 is -은 적이 없다/ㄴ 적이 없다.

㊐ 否定表現は「-은 적이 없다/ㄴ 적이 없다」と表します。

㊥ 否定型为"-은 적이 없다/ㄴ 적이 없다"。

㊥ 否定型為「-은 적이 없다/ㄴ 적이 없다」。

- 저는 미국에 간 **적이 없어요**.
- 그 사람하고 같이 사진을 찍**은 적이 없어요**.

◆ **'-았어요/었어요'와 '-은 적이 있다/ㄴ 적이 있다'는 과거에 일어난 일을 말할 때 사용해요. '-았어요/었어요'가 행위나 사건이 단순히 과거에 일어난 일을 나타낼 때 사용하는 반면에 '-은 적이 있다/ㄴ 적이 있다'는 과거에 있었던 특별한 경험을 말할 때 사용해요.**

Ⓔ -았어요/었어요 and -은 적이 있다/ㄴ 적이 있다 indicate past events. -았어요/었어요 is used to indicat a simple past action or event, while -은 적이 있다/ㄴ 적이 있다 is used to talk about a special experience that occurred in the past.

Ⓙ 「-았어요/었어요」と「-은 적이 있다/ㄴ 적이 있다」はどちらも過去に起きたことを話すときに使います。「-았어요/었어요」は行為や出来事が単純に過去に起こったことを話すときに使い、「-은 적이 있다/ㄴ 적이 있다」は過去にした特別な経験を話すときに使います。

Ⓒ "-았어요/었어요"和"-은 적이 있다/ㄴ 적이 있다"都使用在述说过去曾经发生的事时。"-았어요/었어요"单纯地表示行为或事件在过去发生，但"-은 적이 있다/ㄴ 적이 있다"是用在述说过去曾经发生过的特别经验时。

㊥ 「-았어요/었어요」和「-은 적이 있다/ㄴ 적이 있다」都使用在述說過去曾經發生的事時。「-았어요/었어요」單純地表示行為或事件在過去發生，但「-은 적이 있다/ㄴ 적이 있다」是用在述說過去曾經發生過的特別經驗時。

- 저는 공항에서 잠을 잔 **적이 있어요**.
- 저는 어제 잠을 7시간 **잤어요**.

---

3. V-는 동안(에)

의미

▶ **'-는 동안(에)'는 동사나 '있다, 없다, 계시다'에 붙어 어떤 행위가 계속되는 시간을 나타낼 때 사용해요.**

Ⓔ -는 동안(에) is attached to a verb or 있다, 없다, 계시다 to indicate the duration of an action.

Ⓙ 「-는 동안(에)」は動詞や「있다、없다、계시다」に付いて、ある行為が続いている時間を表すときに使います。

Ⓒ "-는 동안(에)"接在动词或是"있다、없다、계시다"后面，表示某种行为持续的时间时使用。

㊥ 「-는 동안(에)」接在動詞或是「있다、없다、계시다」後面，用於表示某種行為持續的時間。

받침 ㅇ + 는 동안(에)　　예) 먹**는 동안(에)**
받침 ×, ㄹ + 는 동안(에)　　예) 가**는 동안(에)**, 만드**는 동안(에)**

유의

◆ **'-았/었-', '-겠-'과 같이 사용할 수 없어요.**

Ⓔ -는 동안(에) cannot be used with -았/었- and -겠-.

Ⓙ 「-았/었-」、「-겠-」とともに使うことはできません。

㊥ 不可以和“-았/었-”、“-겠-”一起使用。

㊥ 不可以和「-았/었-」、「-겠-」一起使用。

- 친구를 기다리**는 동안** 책을 읽었어요. (○)
- 친구를 기다렸는 동안 책을 읽었어요. (×)

- 집에서 쉬**는 동안** 책을 읽을 거예요. (○)
- 집에서 쉬겠는 동안 책을 읽을 거예요. (×)

◆ **명사는 'N 동안(에)'로 써요. 보통 시간을 나타내는 명사와 함께 사용할 수 있어요.**

Ⓔ Nouns are used in the form of N 동안(에), which is usually used with nouns that indicate time.

㊐ 名詞の場合は「N 동안(에)」と表し、普通、時間を表す名詞とともに使われます。

㊥ 与名词连接时写成“N 동안(에)”, 一般和表示时间的名词一起使用。

㊥ 與名詞連接時寫成「N 동안(에)」, 可以和表示時間的名詞一起使用。

- 10년 **동안** 이 회사에서 일했어요.
- 방학 **동안** 아르바이트를 하려고 해요.

4. V-아 보다/어 보다 (경험)

의미

▶ **'V-아 보다/어 보다'는 동사에 붙어 어떤 행위를 경험함을 나타내요. 주로 과거형으로 쓰여요.**

Ⓔ V-아 보다/어 보다 is attached to a verb to indicate that one has once tried or experienced something. It is usually used in the past tense.

㊐ 「-아 보다/어 보다」は動詞に付いて、何かをしてみた経験を表します。主に過去形で使われます。

㊥ “-아 보다/어 보다”接在动词后表示经历过某种行为。主要用在过去式。

㊥ 「-아 보다/어 보다」接在動詞後表示經歷過某種行為。主要用在過去式。

'ㅏ, ㅗ' + 아 보다　　　　예) 찾**아 보다**
'ㅏ, ㅗ' 외의 모음 + 어 보다　　예) 읽**어 보다**

유의

◆ **부정형은 '-아 보지 않다/어 보지 않다', '안 -아 보다/어 보다'로 써요. '안 -아 보다/어 보다'는 주로 구어에서 써요.**

Ⓔ The negative form of -아 보다/어 보다 are -아 보지 않다/어 보지 않다 and 안 -아 보다/어 보다. 안 -아 보다/어 보다 is commonly used in spoken language.

Ⓙ 否定表現は「-아 보지 않다/어 보지 않다」、「안 -아 보다/어 보다」で、「안 -아 보다/어 보다」は主に話し言葉で使われます。

㊥ 否定型为"-아 보지 않다/어 보지 않다"、"안 -아 보다/어 보다"。"안 -아 보다/어 보다"主要用于口语。

㊥ 否定型為「-아 보지 않다/어 보지 않다」、「안 -아 보다/어 보다」。「안 -아 보다/어 보다」主要用於口語。

- 한복을 입**어 보지 않았어요**.
  한복을 **안** 입**어 봤어요**.

◆ **'-아 본 적이 있다/어 본 적이 있다'의 구성으로 쓰기도 해요.**

Ⓔ -아 보다/어 보다 is also used in the structure of -아 본 적이 있다/어 본 적이 있다.

Ⓙ 「-아 본 적이 있다/어 본 적이 있다」という構成で使われたりします。

㊥ 也可以写成"-아 본 적이 있다/어 본 적이 있다"。

㊥ 也可以寫成「-아 본 적이 있다/어 본 적이 있다」。

- 레아는 태국 음식을 먹**어 본 적이 있어요**.
- 제 동생은 혼자 여행을 **해 본 적이 있어요**.

◆ **'-은 적이 있다/ㄴ 적이 있다'와 '-아 보다/어 보다'는 과거 경험을 말할 때 사용해요. 그런데 '-아 보다/어 보다'는 의도하지 않은 상황에서는 잘 사용하지 않아요. '-은 적이 있다/ㄴ 적이 있다'는 의도하지 않은 상황에 대해서도 자유롭게 사용할 수 있어요.**

Ⓔ -은 적이 있다/ㄴ 적이 있다 and -아 보다/어 보다 both indicate past experience. -아 보다/어 보다 is usually not used when describing unintended situations, whereas -은 적이 있다/ㄴ 적이 있다 can be used for unintended situations as well.

Ⓙ 「-아 보다/어 보다」と「-은 적이 있다/ㄴ 적이 있다」はどちらも過去の経験を話すときに使います。しかし「-아 보다/어 보다」は意図しない偶然の状況ではあまり使わず、「-은 적이 있다/ㄴ 적이 있다」は意図しない偶然の状況に対しても自由に使うことができます。

㊥ "-은 적이 있다/ㄴ 적이 있다"和"-아 보다/어 보다"都是用在述说过去的经验时。但是"-아 보다/어 보다"在非意图的情况下不太常使用；"-은 적이 있다/ㄴ 적이 있다"在非自愿的情况下也可以自由使用。

㊥ 「-은 적이 있다/ㄴ 적이 있다」和「-아 보다/어 보다」都是用在述說過去的經驗時。但是「-아 보다/어 보다」在非意圖的情況下不太常使用；「-은 적이 있다/ㄴ 적이 있다」在非意圖的情況下也可以自由使用。

- 저는 휴대 전화를 잃어버린 **적이 있어요**. (○)
- 저는 휴대 전화를 잃어버려 봤어요. (?)

6 단원 공공장소

1. A-은데/ㄴ데, V-는데

의미

▶ **'-은데/ㄴ데/는데'는 형용사, 동사 '이다'에 붙어 뒤 절의 사실에 대해 앞 절이 배경이 되거나 상관되는 상황이 됨을 나타낼 때 사용해요.**

Ⓔ '-은데/ㄴ데/는데' is attached to an adjective, a verb, or 이다 to indicate that the previous clause is the background or related situation for the later clause.

日 「-은데/ㄴ데/는데」は形容詞、動詞、「이다」に付いて、後ろの節の事実について前の節がその背景になったり、関係があることを表したりするときに使います。

中 "-은데/ㄴ데/는데"接在形容词、动词，"이다"后面，表示对后面句子相关的事实成为前面句子的背景或是与之相关的情况。

中 「-은데/ㄴ데/는데」接在形容詞、動詞、「이다」後面，表示前句子為後句子事實的背景或相關情況

구분	받침 유무	현재	과거	구분	받침 유무	현재	과거
형용사	받침 ○	+ 은데	+ 았는데/었는데	동사	받침 ○	+ 는데	+ 았는데/었는데
					받침 ×, ㄹ		
	받침 ×, ㄹ	+ ㄴ데		명사	받침 ○	+ 인데	+ 이었는데
					받침 ×		+ 였는데

예

형용사	작**은데** 예쁜**데** 힘든**데**	작**았는데** 예**뻤는데** 힘들**었는데**	동사	먹**는데** 가**는데** 만드**는데**	먹**었는데** **갔는데** 만들**었는데**
			명사	학생**인데** 친구**인데**	학생**이었는데** 친구**였는데**

유의

◆ **주로 질문이나 요청, 제안, 명령을 하기 전에 이유나 근거를 말할 때 사용해요.**

Ⓔ -은데/ㄴ데/는데 is usually used to state a reason or justification before a question, request, suggestion, or command.

日 主に質問や依頼、提案、命令をする前に理由や根拠を言うときに使います。

㊥ 主要使用在提问或共动、提议、命令之前，用来说明理由或根据。

㊥ 主要使用在提問或共動、提議、命令之前，用來說明理由或根據。

- 몸도 안 좋**은데** 오늘은 집에서 **쉬세요**.
- 비가 많이 오**는데** 우산을 하나 **살까요**?

2. V-아도 되다/어도 되다

의미

▶ **'-아도 되다/어도 되다'는 동사에 붙어 어떤 행위나 상태를 허락하거나 허용함을 나타낼 때 사용해요.**

Ⓔ -아도 되다/어도 되다 is attached to a verb to indicate that an action or a state is permitted.

㊐ 「-아도 되다/어도 되다」は動詞に付いて、ある行為や状態を許可したり認めたりすることを表すときに使います。

㊥ "-아도 되다/어도 되다"接在动词后，表示允许某种行为、状态或是出现许可时使用。

㊥ 「-아도 되다/어도 되다」接在動詞後，表示某種行為或狀態被允許或是出現許可。

'ㅏ, ㅗ' 모음	+ 아도 되다	예) 앉**아도 되다**
'ㅏ, ㅗ' 외의 모음	+ 어도 되다	예) 읽**어도 되다**

유의

◆ **'하다'가 붙은 동사는 '해도 되다'를 써요.**

Ⓔ For verbs that end in 하다, 해도 되다 is used.

㊐ 「하다」が付いた動詞は「해도 되다」と表します。

㊥ 以"하다"结尾的动词，写成"해도 되다"。

㊥ 以「하다」結尾的動詞，寫成「해도 되다」。

- 전화**해도 돼요**.
- 여기에 주차**해도 돼요**?

◆ **부정형은 '-지 않아도 되다', '안 -아도 되다/어도 되다'로 써요. '안 -아도 되다/어도 되다'는 주로 구어에서 써요.**

Ⓔ The negative form of -아도 되다/어도 되다 is -지 않아도 되다, 안 -아도 되다/어도 되다. 안 -아도 되다/어도 되다 is commonly used in spoken language.

㊐ 否定表現は「-지 않아도 되다」、「안 -아도 되다/어도 되다」で、「안 -아도 되다/어도 되다」は主に話し言葉で使われます。

㊥ 否定句型为“-지 않아도 되다”、“안 -아도 되다/어도 되다”。“안 -아도 되다/어도 되다”主要用于口语。

㊥ 否定句型為「-지 않아도 되다」、「안 -아도 되다/어도 되다」。「안 -아도 되다/어도 되다」主要用於口語。

- 밥을 먹**지 않아도 돼요**.
- 밥을 **안** 먹**어도 돼요**.

◆ **'-아도 되다/어도 되다'에서 '되다' 대신에 '좋다', '괜찮다', '상관없다' 등을 써서 '-아도 좋다/어도 좋다', '-아도 괜찮다/어도 괜찮다', '-아도 상관없다/어도 상관없다'로 사용해도 돼요.**

Ⓔ In -아도 되다/어도 되다, 되다 can be replaced with expressions such as 좋다, 괜찮다, 상관없다, as in -아도 좋다/어도 좋다, -아도 괜찮다/어도 괜찮다, -아도 상관없다/어도 상관없다.

㊐ 「-아도 되다/어도 되다」は「되다」の代わりに「좋다」、「괜찮다」、「상관없다」などを使って「-아도 좋다/어도 좋다」、「-아도 괜찮다/어도 괜찮다」、「-아도 상관없다/어도 상관없다」のように表すこともできます。

㊥ 在“-아도 되다/어도 되다”中，可以以“좋다”、“괜찮다”、“상관없다”等替代“되다”，写成“-아도 좋다/어도 좋다”、“-아도 괜찮다/어도 괜찮다”、“-아도 상관없다/어도 상관없다”。

㊥ 在「-아도 되다/어도 되다」中，可以以「좋다」、「괜찮다」、「상관없다」等替代「되다」，寫成「-아도 좋다/어도 좋다」、「-아도 괜찮다/어도 괜찮다」、「-아도 상관없다/어도 상관없다」。

- 여기에 앉**아도 돼요**.

= 여기에 앉**아도 좋아요**.
= 여기에 앉**아도 괜찮아요**.
= 여기에 앉**아도 상관없어요**.

3. V-으면 안 되다/면 안 되다

의미

▶ **'-으면 안 되다/면 안 되다'는 동사에 붙어 금지나 제한을 나타낼 때 사용해요.**

Ⓔ -으면 안 되다/면 안 되다 is attached to a verb to indicate prohibition or restriction.

㊐ 「-으면 안 되다/면 안 되다」は動詞に付いて、禁止や制限を表すときに使います。

㊥ “-으면 안 되다/면 안 되다”接在动词后，表示禁止或限制时使用。

㊥ 「-으면 안 되다/면 안 되다」接在動詞後，用於表示禁止或限制。

받침 ㅇ + 으면 안 되다　　예) 먹**으면 안 되다**
받침 ×, ㄹ + 면 안 되다　　예) 가**면 안 되다**, 만들**면 안 되다**

유의

◆ **'-았/었-', '-겠-'과 같이 사용할 수 없어요.**

Ⓔ -으면 안 되다/면 안 되다 cannot be used with -았/었-, -겠-.

Ⓙ 「-았/었-」、「-겠-」とともに使うことはできません。

㊥ 不可以和"-았/었-"、"-겠-"一起使用。

㊥ 不可以和「-았/었-」、「-겠-」一起使用。

- 밥을 이미 먹었으면 안 돼요. (×)
- 오늘 밤에 비가 오겠으면 안 돼요. (×)

◆ **'-지 않으면 안 되다'는 '-아야 하다/어야 하다'와 같은 뜻으로 사용할 수 있어요.**

Ⓔ -지 않으면 안 되다 can be used with a similar meaning to -아야 하다/어야 하다.

Ⓙ 「-지 않으면 안 되다」は「-아야 하다/어야 하다」と同じ意味として使うことができます。

㊥ "-지 않으면 안 되다"和"-아야 하다/어야 하다"可以作为相同的意思使用。

㊥ 「-지 않으면 안 되다」和「-아야 하다/어야 하다」可以作為相同的意思使用。

- 내일까지 숙제를 내**지 않으면 안 돼요**.
  = 내일까지 숙제를 내**야 해요**.

- 이 약을 드시**지 않으면 안 돼요**.
  = 이 약을 꼭 드셔**야 해요**.

4. A/V-았을 때/었을 때

의미

▶ **'-았을 때/었을 때'는 형용사, 동사에 붙어 과거의 시간이나 어떤 동작이 완료된 상황을 나타낼 때 사용해요.**

Ⓔ -았을 때/었을 때 refers to a past time or a situation in which an action has been completed.

Ⓙ 「-았을 때/었을 때」は形容詞、動詞に付いて、過去の時間やある動作が完了している状況を表すときに使います。

㊥ "-았을 때/었을 때"表示对过去的时间或动作完成的情况。

㊥ 「-았을 때/었을 때」表示過去的時間或某個動作已完成的情況。

'ㅏ, ㅗ' 모음 + 았을 때 예) 작**았을 때**
'ㅏ, ㅗ' 외의 모음 + 었을 때 예) 읽**었을 때**

유의

◆ **'하다'가 붙은 동사는 '했을 때'를 써요.**

Ⓔ For verbs that end in 하다, 했을 때 is used.

Ⓙ 「하다」が付いた動詞は「했을 때」と表します。

Ⓒ 以"하다"结尾的动词，写成"했을 때"。

㊥ 以「하다」結尾的動詞，寫成「했을 때」。

- 전화**했을 때** 도서관에 있었어요.
- 혼자 처음 여행**했을 때** 많이 힘들었어요.

◆ **'-을 때/ㄹ 때'는 어떤 행동이나 상황이 일어나는 순간이나 지속되는 동안을 나타낼 때 사용하지만 '-았을 때/었을 때'는 과거에 어떤 행동을 했던 시간이나 어떤 동작이 완료된 상황을 나타낼 때 사용해요.**

Ⓔ -을 때/ㄹ 때 is used to indicate the moment or duration of an action or situation, whereas -았을 때/었을 때 is used to indicate the time when a certain action took place in the past or when a particular activity was completed.

Ⓙ 「-을 때/ㄹ 때」はある行動や状況が起きた瞬間や続いている間を表すときに使われ、「-았을 때/었을 때」は過去にある行動をしたときやある動作が完了した状況を表すときに使われます。

Ⓒ "-을 때/ㄹ 때"用于某个行动、情况发生的瞬间或持续进行的期间，但"-았을 때/었을 때"用于过去某个行动发生的时间，或是某个动作已完成的情况时。

㊥ 「-을 때/ㄹ 때」用於某個行動或情況發生的瞬間或持續進行的期間，但「-았을 때/었을 때」用於過去某個行動發生的時間，或是某個動作已完成的情況時。

- 제주도에 **갈 때** 비행기를 타고 갔어요.
- 제주도에 **갔을 때** 날씨가 좋았어요.

◆ **'-았을 때/었을 때'가 일정 시간 동안 어떤 상태가 지속된 기간을 나타낼 때는 '-을 때/ㄹ 때'로 바꿔 쓸 수 있어요.**

Ⓔ -았을 때/었을 때 can be replaced with -을 때/ㄹ 때 when it indicates the duration of a certain state.

Ⓙ ある状態が続いた一定の期間を表すときは「-았을 때/었을 때」を「-을 때/ㄹ 때」に変えて使うことができます。

Ⓒ 当"-았을 때/었을 때"表示在特定期间内，某个情况持续时，可以替换写成"-을 때/ㄹ 때"。

㊥ 當「-았을 때/었을 때」表示在特定期間內，某個情況持續時，可以替換寫成「-을 때/ㄹ 때」。

- 저는 **어렸을 때** 부산에서 살았어요.
  = 저는 **어릴 때** 부산에서 살았어요.

- 한국에서 **살았을 때** 태권도를 배웠어요.
  = 한국에서 **살 때** 태권도를 배웠어요.

5. ㅎ 불규칙

의미

▶ **'ㅎ'으로 끝나는 형용사의 어간 뒤에 모음이 오면 'ㅎ'이 탈락해요. 어간 뒤에 '-아/어'로 시작하는 어미가 오면 어간 '-아/어'는 '-애'로, '-야'는 '-얘'로 바뀌어요.**

Ⓔ If a vowel comes after the stem of an adjective ending with ㅎ, the ㅎ is dropped. When an ending that begins with -아/어 comes after ㅎ, the ㅎ is dropped off and -아/어 of the ending changes to -애 while -야 changes to -얘.

Ⓙ 「ㅎ」で終わる形容詞の語幹の後ろに母音が来る場合「ㅎ」が脱落します。語幹の後ろに「-아/어」で始まる語尾が来る場合、語幹「-아/어」は「-애」に、「-야」は「-얘」に変化します。

㊥ 以"ㅎ"结尾的形容词词干后面有元音出现时"ㅎ"要脱落。词干后面以"-아/어"开始的语尾出现时，词干"-아/어" 要换成"-애"，"-야"要换成"-얘"。

㊥ 以「ㅎ」結尾的形容詞，詞幹後面有母音出現時，「ㅎ」要脫落。當詞幹後面出現以「-아/어」開始的語尾時，詞幹「-아/어」要變成「-애」，「-야」要變成 「-얘」。

ㅎ + 모음 → ~~ㅎ~~　　예) 파랗다 + 아요 → 파**래요**.
　　　　　　　　　　　하얗다 + 아요 → 하**얘요**.

유의

◆ **'ㅎ'으로 끝나는 형용사가 뒤에 오는 명사를 수식할 때 'ㅎ'이 탈락하고 'ㄴ'으로 바뀌어요.**

Ⓔ When an adjective ending with ㅎ modifies the following noun, the ㅎ is omitted, and is replaced by ㄴ.

Ⓙ 「ㅎ」で終わる形容詞が後ろの名詞を修飾するとき、「ㅎ」が脱落して「ㄴ」に変わります。

㊥ 以"ㅎ"结尾的形容词，用来修饰后面出现的名词时，"ㅎ"脱落，且变成"ㄴ"。

㊥ 以「ㅎ」結尾的形容詞，用來修飾後面出現的名詞時，「ㅎ」脫落，且變成「ㄴ」。

- 저는 파란 하늘을 좋아해요.
- 졸업 후에 어떤 일을 하고 싶어요?

◆ **'좋다', '많다', '싫다', '괜찮다' 등과 같은 형용사는 모음 앞에서 'ㅎ'이 탈락되지 않아요.**

Ⓔ Adjectives like 좋다, 많다, 싫다, 괜찮다 do not drop the ㅎ when preceding a vowel.

㊐ 「좋다」､「많다」､「싫다」､「괜찮다」などの形容詞は母音の前でも「ㅎ」が脱落しません。

㊥ "좋다"、"많다"、"싫다"、"괜찮다"等形容词，母音前面的"ㅎ"不脱落。

㊥ 「좋다」、「많다」、「싫다」、「괜찮다」等形容詞，母音前面的「ㅎ」不脫落。

- 오늘 날씨가 아주 **좋아요**. (○)
  오늘 날씨가 아주 조아요. (×)

듣기 지문 및 정답

1 단원 학교생활

어휘와 표현 1_ 자기소개 p. 10

1. (1) 영문 성명 (2) 성별 (3) 생년월일 (4) 국적 (5) 여권 번호 (6) 핸드폰 번호

어휘와 표현 2_ 동아리 가입, 동아리 활동 p. 11

1. (1) 만화를 그려요 (2) 악기를 연주해요 (3) 사진을 전시해요 (4) 연극 공연을 해요

2. (1) 회원을 모집해요 (2) 가입 신청서를 써야 (3) 회비를 내야

문법 1_ V-으려고/려고 p. 12

1.

V	-으려고	V	-려고
찾다	찾으려고	가다	가려고
신다	신으려고	일하다	일하려고
듣다	들으려고	살다	살려고

2. (1) ③, 숙제를 물으려고 친구에게 전화했어요
   (2) ②, 유럽 여행을 하려고 돈을 모으고 있어요
   (3) ①, 오늘 아침에 일찍 일어나려고 어제 일찍 잤어요
   (4) ④, 우리 반 친구들과 같이 먹으려고 고향 음식을 만들어요

3. (1) 늦지 않으려고 (2) 입으려고 (3) 사귀려고 (4) 이사하려고

문법 2_ V-을게요/ㄹ게요 p. 13

1.

V	-을게요	V	-ㄹ게요
읽다	읽을게요	고치다	고칠게요
받다	받을게요	운동하다	운동할게요
묻다	물을게요	놀다	놀게요

2. (1) 도와줄게요 (2) 찾을게요 (3) 전화할게요 (4) 기다릴게요

3. (1) 열게요 (2) 먹을게요 (3) 찍을게요 (4) 올게요

문법 3_ V-는 것 p. 14

1.

V	-는 것	V	-는 것
찍다	찍는 것	자다	자는 것
입다	입는 것	공부하다	공부하는 것
걷다	걷는 것	살다	사는 것

2. (1) 읽는 것을/읽는 걸 (2) 그리는 것이/그리는 게 (3) 신는 것을/신는 걸 (4) 부르는 것을/부르는 걸

3. (1) 닫는 것이/닫는 게 (2) 복습하는 것이/복습하는 게 (3) 보는 것은/보는 건/보는 것이/보는 게
   (4) 쉬는 것이/쉬는 게

더 알아보기 1_ V-아 보다/어 보다 (시도) p. 15

1.

V	-아 보다	V	-어 보다
받다	받아 봐요	쓰다	써 봐요
오다	와 봐요	묻다	물어 봐요

2. (1) 먹어 보세요 (2) 들어 보세요 (3) 만들어 보세요 (4) 가 보세요

더 알아보기 2_ V-겠- p. 15

1.

V	-겠-	V	-겠-
입다	입겠어요	기다리다	기다리겠어요
찾다	찾겠어요	열다	열겠어요

2. (1) 언어 교환을 하겠습니다 (2) 한국어능력시험 3급을 따겠습니다
   (3) 운동도 열심히 하겠습니다 (4) 소설책을 많이 읽겠습니다

듣기 p. 16

1. ②

2.

올가	안녕하세요? 저는 올가입니다.
다니엘	안녕하세요? 저는 다니엘입니다. 한국에서 컴퓨터 회사에 다니고 있습니다. 동료들과 한국어로 이야기하려고 한국어를 공부하고 있습니다.

(1) ②

건우	타나펀 씨는 언제 한국에 왔어요?
타나펀	3개월 전에 왔어요. 한국 대학교에 들어가려고 한국어를 공부하고 있어요.

(2) ①

3.

김민지 선생님	샤오동 씨, 무슨 일 있어요? 학교생활이 힘들어요?
샤오동	아니요. 학교에 다니는 건 재미있지만 한국말이 좀 어려워서요.
김민지 선생님	그래요? 어떤 게 가장 어려워요?
샤오동	쓰기가 너무 어려워요. 선생님, 어떻게 하면 쓰기를 잘할 수 있어요?
김민지 선생님	쓰기를 잘하고 싶으면 단어와 문법을 잘 알아야 돼요. 단어와 문법을 복습하고 문장을 만들어 보세요.
샤오동	네. 선생님. 오늘부터 해 볼게요.
김민지 선생님	그리고 한국말로 일기를 쓰는 것도 도움이 될 거예요. 매일 일기 쓰는 게 힘들면 일주일에 두세 번 정도 써 보세요.

(1) 다니는 것은/다니는 건 (2) 문장 만드는 것을/문장 만드는 걸 (3) 쓰는 것을/쓰는 걸/쓰는 것도

말하기 p. 17

1. (1) 만나서 반가워요 (2) 대학원에 다니고 있어요 (3) 한국 드라마를 보려고 공부해요

2. (1) 저는 지난 학기부터 기타 동아리를 하고 있어요.
(2) 기타를 배우고 연주해요, 이번 학기에는 공연하려고 준비하고 있어요.
(3) 매주 금요일 오후 2시에 모여요. 관심이 있으면 한번 와 보세요.

읽기 p. 18

2. (1) 사진 동아리 (2) ②

쓰기 p. 19

1.

언어 교환 친구를 찾습니다

안녕하세요? 저는 제이슨입니다. 미국 사람입니다. 저는 한국에 5년 전에 왔습니다. 한국에서 영어를 가르치고 있습니다. 그리고 한국어도 배웁니다.

한국 생활이 재미있지만 한국어가 조금 어렵습니다. 그래서 한국 사람과 언어 교환을 하고 싶습니다. 저는 언어 교환 친구와 한국말로 말하기 연습을 하고 싶습니다. 그리고 언어 교환 친구와 같이 맛집에도 가고 싶습니다.

저는 평일 오전에는 한국어를 배웁니다. 그리고 평일 오후에는 영어를 가르칩니다. 그래서 평일에는 시간이 없습니다. 그렇지만 저는 주말에 시간이 많습니다. 그래서 주말에 만나고 싶습니다. 주말에 한 번 만나는 것도 좋고 두 번 만나는 것도 좋습니다. 그럼 연락 기다리겠습니다.

제이슨 010-1513-0223

2 단원 일상생활

어휘와 표현 1_ 가족, 높임말 p. 20

1. (1) 할머니 (2) 외할아버지 (3) 삼촌 (4) 이모

2. (1) 방에 계세요 (2) 커피를 드세요 (3) 아침을 잡수세요 (4) 주무세요

어휘와 표현 2_ 빨래방, 미용실 p. 21

1. (1) 동전을 넣어요 (2) 세탁기를 돌려요 (3) 건조기에서 빨래를 말려요 (4) 빨래를 꺼내요

2. (1) 드라이해 (2) 염색하고 (3) 파마하고 (4) 자르러

문법 1_ A/V-으시/시- p. 22

1.

A/V	-으시-	A/V	-시-
작다	작으세요	쉬다	쉬세요
춥다	추우세요	살다	사세요
걷다	걸으세요	선생님이다	선생님이세요

2. (1) 만드셨어요 (2) 오세요/오실 거예요 (3) 바쁘세요 (4) 찍으세요/찍으실 거예요 (5) 보세요 (6) 많으세요

3. (1) 읽으세요 (2) 그리세요 (3) 치세요 (4) 들으세요

문법 2_ V-아 주다/어 주다 p. 23

1.

V	-아 주다	V	-어 주다
찾다	찾아 줘요	읽다	읽어 줘요
사다	사 줘요	듣다	들어 줘요
오다	와 줘요	확인하다	확인해 줘요

2. (1) 찍어 주세요 (2) 써 주세요 (3) 열어 주세요 (4) 앉아 주세요

3. (1) 예약해 드릴까요 (2) 가르쳐 줬어요 (3) 만들어 줄 거예요 (4) 와 줄 수 있어요

문법 3_V-게 되다 p. 24

1.

V	-게 되다	V	-게 되다
찍다	찍게 돼요	가다	가게 돼요
찾다	찾게 돼요	마시다	마시게 돼요
묻다	묻게 돼요	운동하다	운동하게 돼요

2. (1) 잘하게 됐어요 (2) 살게 됐어요 (3) 듣게 됐어요 (4) 가지게 됐어요

3. (1) 보게 돼요 (2) 먹게 돼요 (3) 알게 됐어요 (4) 오게 됐어요

더 알아보기 1_ N께서, N께서는, N께 p. 25

1.

N	께서	께서는	께
선생님	선생님께서	선생님께서는	선생님께
아버지	아버지께서	아버지께서는	아버지께

2. (1) 께 (2) 께서는 (3) 께서 (4) 께

더 알아보기 2_ 르 불규칙 p. 25

1.

A/V	-아요/어요	A/V	-아요/어요
고르다	골라요	모르다	몰라요
다르다	달라요	부르다	불러요

2. (1) 달라요 (2) 불렀어요 (3) 골라 (4) 몰라서

듣기 p. 26

1. ①

2.

타나펀	지유 씨, 오늘 시간 있어요? 같이 저녁 먹을까요?
지유	타나펀 씨, 미안해요. 오늘 할아버지 생신이라서 저녁에 할아버지 댁에 가야 돼요.

(1) ①

제이슨	브루나 씨 아버지는 뭘 좋아하세요?
브루나	우리 아버지는 노래하고 운동하는 걸 좋아하세요. 특히 축구를 좋아하셔서 주말에는 항상 축구 동호회에 가세요.

(2) ②

3.

리카	샤오동 씨, 또 커피를 마셔요?
샤오동	네. 너무 졸려서 자꾸 커피를 마시게 돼요.
리카	왜요? 어제 잠을 못 잤어요?
샤오동	요즘 잠이 안 와서 새벽 2시쯤 자요. 그래서 아침에 늦게 일어나게 돼요.
리카	아, 그래서 요즘 수업에 자주 늦는 거예요?
샤오동	네. 맞아요. 잠을 못 자서 요즘 머리도 자주 아프고 입맛도 없어요.
리카	그럼 운동을 한번 해 보세요. 저도 친구 추천으로 요가를 시작했어요. 그래서 지금은 일찍 자고 일찍 일어나게 됐어요.
샤오동	그래요? 그럼 저도 운동을 시작해 볼게요.

(1) 마시게 돼요 (2) 입맛도 없어서 (3) 일어나게 됐어요

말하기 p. 27

1. (1) 이분이 어머니세요 (2) 인상이 좋으세요 (3) 그림을 잘 그려요

2. (1) 네. 오늘 5시로 예약했어요. (2) 염색해 주세요. 그리고 머리를 조금 잘라 주세요.
(3) 까만색으로 염색해 주세요.

읽기 p. 28

2. (1) ② (2) ②

쓰기 p. 29

1.

'대한민국 구석구석'을 소개합니다!

안녕하세요? 여러분은 한국 여행 정보를 어떻게 찾습니까? 저는 오늘 여러분에게 한국 여행 정보 홈페이지 '대한민국 구석구석'을 소개하겠습니다.

저는 지난 방학에 전주 여행을 가고 싶었습니다. 그렇지만 정보를 찾을 수 없었습니다. 그때 한국 친구가 소개해 줘서 '대한민국 구석구석'을 알게 되었습니다.

'대한민국 구석구석' 홈페이지에서 여행지, 맛집, 카페, 숙소, 축제 정보를 알 수 있습니다. 여행 상품도 확인할 수 있고, 예약도 할 수 있습니다. 그리고 전화와 문자로 상담도 할 수 있습니다. 상담은 24시간 가능하고, 외국어로도 상담할 수 있습니다.

여러분도 한국의 여행 정보를 알고 싶으면 '대한민국 구석구석'을 이용해 보세요.

3 단원 주거 환경

어휘와 표현 1_ 집, 주거 환경 p. 30

1. (1) 빌라 (2) 주택 (3) 기숙사 (4) 아파트

2. (1) 방이 넓어서 (2) 햇빛이 잘 들어와요 (3) 교통이 편리해요 (4) 편의 시설이 많아서

어휘와 표현 2_ 이사 p. 31

1. (1) 월세 (2) 집주인 (3) 부동산 (4) 전세

2. (1) 인터넷으로 알아보세요 (2) 집을 보러 갈 (3) 보증금이 필요해요 (4) 계약을 하고

문법 1_ A-은/ㄴ p. 32

1.

A	-은	A	-ㄴ
많다	많은	나쁘다	나쁜
작다	작은	피곤하다	피곤한
어렵다	어려운	힘들다	힘든

2. (1) 따뜻한 (2) 짧은 (3) 큰 (4) 매운

3. (1) 조용한 (2) 예쁜 (3) 맛있는 (4) 멀지 않은 (5) 좋은 (6) 편리한

문법 2_ N보다 p. 33

1.

N	보다	N	보다
동생	동생보다	버스	버스보다
영화관	영화관보다	콘서트	콘서트보다

2. (1) 읽기를 쓰기보다 잘해요/쓰기보다 읽기를 잘해요
   (2) 선글라스가 구두보다 비싸요/구두보다 선글라스가 비싸요
   (3) 피자를 햄버거보다 좋아해요/햄버거보다 피자를 좋아해요
   (4) 파비앙이 올리버보다 바빠요/올리버보다 파비앙이 바빠요

3. (1) 카페보다 (2) 노래방보다 (3) 버스보다 (4) 원룸보다

문법 3_ A/V-을 때/ㄹ 때 p. 34

1.

A/V	-을 때	A/V	-ㄹ 때
맑다	맑을 때	바쁘다	바쁠 때
덥다	더울 때	시작하다	시작할 때
듣다	들을 때	만들다	만들 때

2. (1)—④ 날씨가 좋을 때 공원에서 자전거를 타요
   (2)—② 방에서 나갈 때 에어컨을 꼭 끄세요
   (3)—① 우리 언니는 웃을 때 제일 예뻐요
   (4)—③ 부모님이 보고 싶을 때 부모님께 전화를 해요

3. (1) 숙제할 때 (2) 있을 때 (3) 빌릴 때 (4) 먹을 때

더 알아보기_ N마다 p. 35

1.

N	마다	N	마다
밤	밤마다	나라	나라마다
교실	교실마다	동아리	동아리마다

2. (1) 여름마다 (2) 수요일마다 (3) 1시간마다 (4) 주말마다

3. (1) 회사마다 (2) 방마다 (3) 음식마다 (4) 고궁마다

듣기 p. 36

1. ②

2.

다니엘	상진 씨, 지금 오피스텔에서 살아요? 거기 관리비는 어때요?
상진	보통 한 달에 10만 원쯤 나와요. 그런데 겨울에는 15만 원쯤 나와요.

(1) ②

제이슨	리카 씨, 지금 어디에서 살아요?
리카	지금은 기숙사에서 살아요. 그런데 다음 학기에는 원룸으로 이사하려고 알아보고 있어요.

(2) ①

3.

브루나	지유 씨, 무슨 일 있어요?
지유	룸메이트하고 안 맞아서 좀 힘들어요.
브루나	아니, 왜요?
지유	룸메이트가 요즘 청소도 하지 않고 정리도 안 해요. 옷과 물건을 여기저기 놓고 제가 잘 때 새벽까지 컴퓨터 게임을 해요.
브루나	정말요? 그런데 룸메이트하고 이야기해 봤어요?
지유	아니요. 기분이 나빠서 말하고 싶지 않아요.
브루나	지유 씨, 그러지 말고 룸메이트한테 불편한 것을 이야기해 보세요.
지유	알겠어요. 브루나 씨. 사실 룸메이트와 불편해서 저도 마음이 안 좋아요.

(1) 잘 때 (2) 말하고 싶지 않아요 (3) 마음이 안 좋아요

말하기 p. 37

1. (1) 학교 근처 오피스텔에서 살아요 (2) 방이 넓어서 좋아요 (3) 불편한 건 없어요

2. (1) 네. 좋은 게 하나 있어요. 근처에 지하철역도 가까워서 편리하실 거예요.
(2) 월세는 보증금 3,000만 원에 50만 원이고, 전세는 8,000만 원이에요.
(3) 오늘은 집주인이 없어요. 내일 같이 보러 가요.

읽기 p. 38

2. (1) ①—ⓐ 원룸, ②—ⓒ 오피스텔, ③—ⓑ 빌라

(2) ③

쓰기 p. 39

1.

우리 동네

저는 서대문역 근처에서 살고 있습니다. 우리 동네 이름은 영천동입니다. 학교에서 조금 멀지만 집세가 싸서 올해 1월부터 이곳에서 살게 됐습니다.

우리 동네는 살기가 편해서 정말 좋습니다. 우리 집 근처에 지하철역과 버스 정류장이 있습니다. 지하철역과 버스 정류장이 가까워서 외출할 때 아주 좋습니다. 또 집 근처에 시장, 병원, 편의점 등의 편의 시설이 많아서 살기 편리합니다. 그리고 집 옆에는 멋진 공원도 있습니다. 주말에 시간이 있을 때 공원에서 운동을 합니다.

저는 우리 동네가 정말 좋습니다. 고향에 돌아갈 때까지 여기에서 계속 살고 싶습니다.

4 단원 외모와 성격

1. 어휘와 표현 1_ 옷차림 p. 40

1. (1) 청바지 (2) 양말 (3) 원피스 (4) 스웨터 (5) 스카프 (6) 모자 (7) 부츠 (8) 재킷

2. (1) 입고, 했어요 (2) 입고, 신었어요 (3) 메고, 썼어요 (4) 입고, 했어요
   (5) 원피스를 입고 스카프를 하고 부츠를 신었어요.

어휘와 표현 2_ 색깔 p. 41

1. (1) ⑤, 주황색 (2) ④, 빨간색 (3) ⑥, 초록색 (4) ③, 보라색 (5) ①, 회색 (6) ②, 노란색

문법 1_ V-는 p. 42

1.

A/V	-는	A/V	-는
먹다	먹는	고치다	고치는
신다	신는	일하다	일하는
묻다	묻는	놀다	노는

2. (1) 추는 (2) 만드는 (3) 찍는 (4) 걷는/산책하는

3. (1) 사는 (2) 다니는 (3) 공부하는 (4) 읽는

문법 2_ V-은/-ㄴ p. 43

1.

V	-은	V	-ㄴ
찾다	찾은	가다	간
받다	받은	운동하다	운동한
걷다	걸은	열다	연

2. (1) 배낭을 멘 사람 (2) 점심에 먹은 불고기 (3) 동아리에서 만난 친구들
   (4) 라디오에서 들은 노래 (5) 남산에서 본 경치

3. (1) 찍은 (2) 먹는 (3) 좋아하는 (4) 입은

문법 3_ N처럼 p. 44

1.

N	처럼	N	처럼
형	형처럼	배우	배우처럼
선생님	선생님처럼	운동선수	운동선수처럼

2. (1) 가족처럼 (2) 그림처럼 (3) 천사처럼 (4) 저처럼

3. (1) 요리사처럼 (2) 화가처럼 (3) 모델처럼 (4) 한국 사람처럼 (5) 가수처럼

더 알아보기 1_ V-고 있다 p. 45

1.

V	-고 있다	V	-고 있다
입다	입고 있어요	쓰다	쓰고 있어요
들다	들고 있어요	하다	하고 있어요

2. (1) 쓰고 있어요 (2) 들고 있고 (3) 하고 있고 (4) 입고 있어요

더 알아보기 2_ A-게 p. 45

1.

A	-게	A/V	-게
달다	달게	예쁘다	예쁘게
맛있다	맛있게	조용하다	조용하게

2. (1) 짧게 (2) 싸게 (3) 바쁘게 (4) 재미있게

듣기 p. 46

1. ②

2.

타나펀 이 사진은 언제 찍었어요?
수빈 작년 대학교 졸업식 때요.

(1) ①

지유 제이슨 씨, 오늘 본 공연 좋았어요?
제이슨 네. 한국 전통 공연은 처음 봤어요. 그런데 악기 소리가 좋아서 다시 보고 싶어요.

(2) ②

3.

레아 샤오동 씨, 여자 친구 있어요?
샤오동 아니요. 없어요.
레아 그럼 제 프랑스 친구 소개해 줄까요?
샤오동 어떤 사람이에요?
레아 샤오동 씨처럼 성격이 밝고 활발해요. 어릴 때 중국에서 살아서 중국어도 잘해요.
샤오동 그 친구는 지금 한국에 있어요?
레아 네. 대학교에서 국제 관계를 전공하고 있어요. 샤오동 씨하고 성격이 비슷해서 말도 잘 통할 거예요.
샤오동 그래요? 그럼 빨리 만나 보고 싶어요.
레아 제가 오늘 친구한테 전화해 볼게요. 그리고 약속 시간을 정해서 알려 줄게요.
샤오동 네. 레아 씨. 고마워요.

(1) 중국어를 잘해요 (2) 밝고 활발해요 (3) 말이 잘 통할 거예요.

말하기 p. 47

1. (1) 와 줘서 고마워요 (2) 티셔츠를 입고 있는 사람요 (3) 같이 인사하러 가요

2. (1) 오늘 아침에 지하철에 지갑을 놓고 내렸어요.
   (2) 까만색 가죽으로 된 지갑이에요. 지갑 안에 카드가 있어서 꼭 찾아야 해요.
   (3) 제 이름은 제이슨이고 전화번호는 010-1234-5678이에요.

읽기 p. 48

2. (1) ③

   (2) ① 회색 운동화가 많아서 팔고 싶어요. ② 한 번 신은 운동화를 팔 거예요.
   ③ 작년에 선물 받은 운동화를 팔려고 해요. ④ 새 운동화의 가격은 15만 원이에요.

쓰기 p. 49

1.

나의 이상형

사람마다 이상형은 다릅니다. 외모를 중요하게 생각하는 사람도 있고, 성격을 중요하게 생각하는 사람도 있습니다. 저는 외모보다 성격이 더 중요합니다. 지금부터 제 이상형을 소개하겠습니다.

저는 성격이 급하지 않고 친절한 사람을 좋아합니다. 그리고 주변 사람을 잘 도와주는 사람이 좋습니다. 직업은 상관없습니다. 그렇지만 일을 열심히 하는 사람이 좋습니다. 그리고 운동을 잘하는 사람을 좋아합니다. 제가 운동을 좋아합니다. 그래서 저와 같이 운동을 할 수 있는 사람이 좋습니다.

그런데 저는 이상형을 아직 못 만났습니다. 빨리 만나고 싶습니다.

5 단원 경험

어휘와 표현 1_ 여행 준비 p. 50

1. (1) 여행지 정보를 찾아봐요 (2) 짐을 싸요 (3) 탑승 수속을 해요 (4) 짐을 부쳐요

2. (1) ②, 짜려고 (2) ④, 예약하고 (3) ③, 챙기고 (4) ①, 들었어요

어휘와 표현 2_ 직업 p. 51

1. (1) 군인이에요 (2) 소방관이에요 (3) 승무원이에요 (4) 아나운서예요

2. (1) 엔지니어 (2) 교수 (3) 디자이너 (4) 소설가 (5) 외교관 (6) 통역사

문법 1_ A/V-겠- p. 52

1.

A/V	-겠-	A/V	-겠-
맛있다	맛있겠어요	편하다	편하겠어요
어렵다	어렵겠어요	오다	오겠어요
먹다	먹겠어요	만들다	만들겠어요

2. (1) 춥겠어요 (2) 잘하겠어요 (3) 힘들겠어요 (4) 졸리겠어요

3. (1) 좋겠어요 (2) 많았겠어요 (3) 비싸겠어요 (4) 도착했겠어요

문법 2_ V-은 적이 있다/ㄴ 적이 있다 p. 53

1.

V	-은 적이 있다	V	-ㄴ 적이 있다
입다	입은 적이 있어요	타다	탄 적이 있어요
신다	신은 적이 있어요	공부하다	공부한 적이 있어요
걷다	걸은 적이 있어요	살다	산 적이 있어요

2. (1) 배운 적이 있어요 (2) 잃어버린 적이 있어요 (3) 만든 적이 있어요 (4) 받은 적이 있어요

3. (1) 일한 적이 있어요 (2) 본 적이 있어요 (3) 들은 적이 있어요 (4) 찍은 적이 있어요

문법 3_ V-는 동안(에) p. 54

1.

V	-는 동안(에)	V	-는 동안(에)
씻다	씻는 동안(에)	자다	자는 동안(에)
읽다	읽는 동안(에)	일하다	일하는 동안(에)
묻다	묻는 동안(에)	열다	여는 동안(에)

2. (1) 쉬는 동안(에) (2) 먹는 동안(에) (3) 파마하는 동안(에) (4) 기다리는 동안(에)

3. (1) 가는 동안(에) (2) 다니는 동안(에) (3) 사는 동안(에) (4) 찾는 동안(에)

더 알아보기_ V-아 보다/어 보다 (경험) p. 55

1.

V	-아 보다	V	-아 보다
찾다	찾아 봐요	배우다	배워 봐요
오다	와 봐요	걷다	걸어 봐요

2. (1) 입어 봤어요 (2) 읽어 봤어요 (3) 해 보지 않았어요/안 해 봤어요 (4) 가 봤어요

3. (1) 예매해 봤어요 (2) 들어 봤어요 (3) 만들어 봤어요 (4) 타 보지 않았어요/안 타 봤어요
(5) 먹어 보지 않았어요/안 먹어 봤어요

듣기 p. 56

1. ②

2.

지유	리카 씨, 여행 준비는 다 했어요?
리카	네. 짐을 다 쌌어요. 그런데 아직 여행자 보험을 안 들어서 지금 들려고 해요.

(1) ②

브루나	제이슨 씨, 여행은 재미있었어요?
제이슨	네. 맛있는 음식도 먹고 구경도 많이 했어요. 그런데 돌아올 때 비행기를 놓쳐서 조금 힘들었어요.

(2) ②

3.

브루나	제이슨 씨는 이번 학기가 끝나면 고향에 돌아가요?
제이슨	네. 다음 달에 돌아가요. 6개월이 정말 빨리 갔어요.
브루나	한국에서 사는 동안 하지 못해서 아쉬운 게 있어요?
제이슨	지난 학기에 한국어 말하기 대회에 나가고 싶었어요. 그런데 한국어를 잘 못해서 나가지 못한 게 아쉬워요.
브루나	그럼 한국에 있는 동안 뭐가 좋았어요?
제이슨	여행을 많이 다녔고 한국 친구와 여러 나라에서 온 친구들을 많이 사귀었어요. 브루나 씨는 한국에 있는 동안 꼭 하고 싶은 게 있어요?
브루나	저는 한국에서 좋아하는 가수의 팬 사인회에 가 보고 싶어요. 그리고 사인을 받고 싶어요.

(1) 한국에서 사는 동안(에) (2) 나가지 못 한 게 (3) 친구들을 많이 사귀어서

말하기 p. 57

1. (1) 유적지도 구경했어요 (2) 많이 걸어야 했어요 (3) 기억에 남는 여행이었어요

2. (1) 네. 저는 아르바이트를 많이 했어요.
   (2) 중국어를 가르치는 아르바이트를 해 본 적이 있어요. 식당하고 편의점에서도 일해 봤어요.
   (3) 수업을 준비하는 게 힘들었지만 좋은 경험이 됐어요.

읽기 p. 58

2. (1) ③ (2) ①

쓰기 p. 59

1.

한옥 마을에 갔어요

저는 한국의 전통문화에 관심이 있습니다. 그래서 한국의 전통문화를 직접 보고 배우고 싶어서 지난 방학에 친구들과 남산 근처에 있는 한옥 마을에 갔습니다.

우리는 한옥 마을에서 한복을 입고 한국의 전통 집을 구경했습니다. 그리고 전통 집 앞에서 친구들과 사진도 많이 찍었습니다. 그 후에 한국 전통 결혼식이 있었습니다. 우리는 전통 결혼식을 봤습니다. 또 거기에 태권도 공연도 있었습니다. 우리는 태권도를 같이 따라해 봤습니다.

한옥 마을에서 한국 전통문화를 직접 보고 경험할 수 있어서 정말 재미있었습니다.

6 단원 공공장소

어휘와 표현 1_ 은행 업무 p. 60

1. (1) ② (2) ③ (3) ① (4) ④ (5) ⑤

2. (1) 저금할 거예요 (2) 통장을 만들었어요 (3) 환전할 (4) 돈을 보내

어휘와 표현 2_ 공공 예절 p. 61

1. (1) 큰 소리로 떠들지 마세요 (2) 그림을 만지지 마세요 (3) 새치기하지 마세요
(4) 음식물을 가져가지 마세요 (5) 사람을 밀지 마세요 (6) 뛰어다니지 마세요

문법 1_ A-은데/ㄴ데, V-는데 p. 62

1.

A	-은데	A	-ㄴ데	V	-는데
작다	작은데	크다	큰데	먹다	먹는데
많다	많은데	편하다	편한데	하다	하는데
어렵다	어려운데	예쁘다	예쁜데	만들다	만드는데

2. (1) 어제 인사동에 갔는데 사람이 많았어요
(2) 케이팝 댄스를 배우는데 정말 재미있어요
(3) 이 가수 노래를 처음 들었는데 멜로디가 너무 좋아요
(4) 학생 식당에서 떡볶이를 파는데 맛있어서 인기가 많아요.

3. (1) 좋은데 (2) 보냈는데 (3) 아팠는데 (4) 생일인데

문법 2_ V-아도 되다/어도 되다 p. 63

1.

V	-아도 되다	V	-어도 되다
닫다	닫아도 돼요	쉬다	쉬어도 돼요
자다	자도 돼요	듣다	들어도 돼요
오다	와도 돼요	부르다	불러도 돼요

2. (1) 사용해도 돼요 (2) 신어 봐도 돼요 (3) 열어도 돼요 (4) 마셔도 돼요

3. (1) 써도 돼요 (2) 예약해도 돼요 (3) 내도 돼요 (4) 찍어도 돼요

문법 3_ V-으면 안 되다/면 안 되다 p. 64

1.

V	-으면 안 되다	V	-면 안 되다
앉다	앉으면 안 돼요	오다	오면 안 돼요
입다	입으면 안 돼요	운동하다	운동하면 안 돼요
걷다	걸으면 안 돼요	팔다	팔면 안 돼요

2. (1) 가져가면 안 돼요 (2) 수영하면 안 돼요 (3) 돌리면 안 돼요 (4) 데려가면 안 되는

3. (1) 가면 안 됩니다 (2) 들으면 안 됩니다 (3) 차면 안 됩니다 (4) 피우면 안 됩니다

더 알아보기 1_ A/V-았을 때/었을 때 p. 65

1.

A/V	-았을 때	A/V	-었을 때
좋다	좋았을 때	크다	컸을 때
돕다	도왔을 때	듣다	들었을 때

2. (1) 쇼핑할 때 (2) 만들 때 (3) 왔을 때 (4) 잃어버렸을 때

더 알아보기 2_ ㅎ 불규칙 p. 65

1.

A	-아요	-은	A	-어요	-은
파랗다	파래요	파란	그렇다	그래요	그런
동그랗다	동그래요	동그란	어떻다	어때요	어떤

2. (1) 빨개요 (2) 그래요 (3) 하얘요 (4) 어떤

듣기 p. 66

1. ①

2.

레아 체크 카드를 만들고 싶어요.
직원 그럼 먼저 이 신청서를 쓰시고 서명해 주세요. 그리고 비밀번호를 눌러 주세요.

(1) ①

샤오동 타나펀 씨, 내일 수업 끝나고 영화 보러 갈래요?
타나펀 미안해요. 비자를 연장하러 출입국·외국인청에 가야 돼요.

(2) ②

3.

타나펀	샤니 씨, 기숙사에서 사는 게 어때요? 기숙사로 이사 가고 싶어서요.
샤니	조용하고 시설이 깨끗해서 아주 좋아요. 그런데 지켜야 하는 규칙이 좀 있어요.
타나펀	어떤 규칙이 있는데요?
샤니	방에서 요리하면 안 되고 방에서 다리미도 사용하면 안 돼요. 음식은 1층에 부엌이 있는데 거기에서만 할 수 있어요.
타나펀	또 다른 규칙이 있어요?
샤니	다른 사람을 기숙사에 데려오면 안 돼요. 그리고 짐을 방 밖에 놓으면 안 돼요. 방 안에 놓아야 돼요.
타나펀	그런데 혹시 방이 마음에 안 들면 어떻게 해요? 방을 바꿔도 돼요?
샤니	아니요. 방을 바꿀 수 없어요.
타나펀	네. 알겠어요. 고마워요.

(1) 요리하면 안 돼요 (2) 데려오면 안 돼요 (3) 놓으면 안 돼요

말하기 p. 67

1. (1) 보내려고 하는데요 (2) 가격이 어떻게 돼요 (3) 일반 우편으로 보낼게요

2. (1) 네. 앉으세요. (2) 친구하고 공부하러 도서관에 갔어요. 그런데 기분이 안 좋았어요.
(3) 옆에 앉은 사람이 계속 음식을 먹었어요. 그리고 큰소리로 떠들어서 방해가 됐어요.

읽기 p. 68

2. (1) ① (2) ②

쓰기 p. 69

1.

기숙사 규칙을 어길 생각은 없었는데……

우리 기숙사에는 규칙이 많습니다. 그중에서 늦은 시간에 떠들면 안 되는 규칙이 있습니다. 그런데 저는 그 규칙을 어긴 적이 있습니다.

지난 가을학기였습니다. 그때 한국어 말하기대회가 있었습니다. 그 대회에서 축하 공연도 하는데 저와 올가가 케이팝 댄스 공연을 했습니다.

우리는 말하기대회 전날 밤에 연습이 필요했습니다. 그래서 기숙사 방에서 밤 늦게까지 음악 소리를 크게 하고 연습을 했습니다. 그때 기숙사 선생님이 우리를 사무실로 부르셨습니다. 늦은 시간에 조용히 해야 하는데 우리가 너무 시끄러워서 주의를 주셨습니다. 우리는 기숙사 친구들에게 정말 미안했습니다. 그래서 춤 연습을 더 하지 않았습니다.

지은이 소개

정누리

이화여자대학교 언어교육원 전임강사
연세대학교 한국학협동과정 박사 수료

이정연

이화여자대학교 언어교육원 전임강사
한국외국어대학교 국어국문학과 박사

박옥경

이화여자대학교 언어교육원 책임강사
이화여자대학교 한국어교육학과 석사

송유경

이화여자대학교 언어교육원 책임강사
이화여자대학교 한국어교육학과 석사

기우종

전 이화여자대학교 언어교육원 책임강사
연세대학교 외국어로서의 한국어교육 전공 석사

최효원

이화여자대학교 언어교육원 책임강사
이화여자대학교 한국어교육학과 석사